陳嘉庚與集友銀行

厦門國際銀行
集 友 銀 行　編著
華僑博物院

中國華僑出版社
·北京·

圖書在版編目（CIP）數據

陳嘉庚與集友銀行 / 厦門國際銀行, 集友銀行, 華僑博物院編著. -- 北京：中國華僑出版社，2023. 9
ISBN 978-7-5113-9013-4

Ⅰ. ①陳… Ⅱ. ①厦… ②集… ③華… Ⅲ. ①陳嘉庚（1874-1961）—生平事跡②銀行史—史料—中國—近代 Ⅳ. ①K828.8 ②F832.96

中國國家版本館 CIP 數據核字（2023）第 121641 號

陳嘉庚與集友銀行

編　　著：厦門國際銀行　集友銀行　華僑博物院
責任編輯：高文喆　桑夢娟
經　　銷：新華書店
開　　本：710 毫米 × 1000 毫米　1/16 開　印張：18. 5　字數：242 千字
印　　刷：北京鑫益暉印刷有限公司
版　　次：2023 年 9 月第 1 版
印　　次：2023 年 9 月第 1 次印刷
書　　號：ISBN 978-7-5113-9013-4
定　　價：98. 00 元

中國華僑出版社　北京市朝陽區西壩河東里77號樓底商5號　郵編：100028
編 輯 部：（010）64443056-8013　傳　真：（010）64439708
網　　址：www.oveaschin.com　E-mail：oveaschin@sina.com

本書編委會

《陳嘉庚與集友銀行》一書由厦門國際銀行牽頭發起，集友銀行、華僑博物院等相關領域專家共同參與。

顧　　問： 林　軍　林廣兆　陳立人

編委會主任： 王曉健

編委會副主任： 劉曉斌　章德春　曹雲川　鄭　威　黃志如　祝建武

主　　編： 王曉健　劉曉斌

副 主 編： 秦志華　陳思慧　林翠茹

執行主編： 林翠茹

編寫組人員：

厦門國際銀行股份有限公司：秦志華　劉　琳　鄭國忠　宋志強　任超逸　陳　坤

集友銀行有限公司：陳思慧　趙若言　陳為民

華僑博物院：林翠茹　李　麗　潘少紅　蔡青梅

編　　務： 林翠茹　宋志強　任超逸

1949 年 6 月，第一屆新政治協商會議籌備會期間，陳嘉庚與毛澤東在北京中南海勤政殿前合影

華僑旗幟　民族光輝

陳嘉庚

陳嘉庚被毛澤東讚譽為「華僑旗幟、民族光輝」（1984年鄧小平題寫）

1994 年，為紀念陳嘉庚先生誕辰 120 周年，江澤民題詞：「弘揚嘉庚愛國精神，振興中華教育事業。」

福建日報

东南网:www.fjsen.com　新闻客户端:今日福建

中共福建省委主办　福建日报报业集团出版　2014年10月22日　星期三　甲午年九月廿九

国内统一刊号CN35-0001　邮发代号33-1　本报新闻热线:(0591)87095100　87095825

习近平总书记给厦门市集美校友总会回信

希望广大华侨华人弘扬“嘉庚精神”，深怀爱国之情，坚守报国之志，同祖国人民一道不懈奋斗，共圆民族复兴之梦

本报讯（记者　胡斌） 在陈嘉庚先生诞辰140周年之际，近日，中共中央总书记、国家主席、中央军委主席习近平给厦门市集美校友总会回信，希望广大华侨华人弘扬“嘉庚精神”，深怀爱国之情，坚守报国之志，同祖国人民一道不懈奋斗，共圆民族复兴之梦。

习近平总书记回信全文如下——

值此陈嘉庚先生诞辰140周年之际，我谨对陈嘉庚先生表示深切的怀念，向陈嘉庚先生的亲属致以诚挚的问候。

陈嘉庚先生是“华侨旗帜、民族光辉”。我曾长期在福建工作，对陈嘉庚先生为祖国特别是为家乡福建作出的贡献有切身感受。他爱国兴学，投身救亡斗争，推动华侨团结，争取民族解放，是侨界的一代领袖和楷模。他艰苦创业、自强不息的精神，以国家为重、以民族为重的品格，关心祖国建设、倾心教育事业的诚心，永远值得学习。

实现中华民族伟大复兴，是海内外中华儿女的共同心愿，也是陈嘉庚先生等前辈先人的毕生追求。希望广大华侨华人弘扬“嘉庚精神”，深怀爱国之情，坚守报国之志，同祖国人民一道不懈奋斗，共圆民族复兴之梦。

习近平

2014年10月17日

据悉，今年是陈嘉庚先生诞辰140周年。9月5日，厦门市集美校友总会、《集美校友》杂志社代表海内外集美校友、嘉庚学子致信习近平总书记，希望习近平总书记值此时机，向海内外华人、华侨、侨眷发出弘扬“嘉庚精神”的号召，以进一步凝聚侨心侨力，共同构筑中国梦。习近平总书记于10月17日回信。

2014 年，習近平總書記在陳嘉庚先生誕辰 140 周年之際給厦門市集美校友總會回信，希望廣大華僑華人弘揚「嘉庚精神」，深懷愛國之情，堅守報國之志，同祖國人民一道不懈奮鬥，共圓民族復興之夢

2015 年 9 月，陳嘉庚獲授「中國人民抗日戰爭勝利 70 周年紀念章」，
陳嘉庚長孫陳立人受邀赴北京接受習近平總書記親自頒發紀念章

2019 年 9 月，在中華人民共和國成立 70 周年之際，陳嘉庚獲「最美奮鬥者」稱號

位於香港中環德輔道中 78 號的集友銀行總行大廈

序言一

丹青難寫是精神

——致敬集友銀行 80 華誕

歲月不居，時光流轉。走過崎嶇變坦途，歷經風雨見彩虹，集友銀行即將迎來 80 華誕。

我於 1949 年在新加坡出生，與中華人民共和國同齡。我出生的第二年，祖父陳嘉庚就離開新加坡回中國定居了，兒時對祖父沒有半點印象。後來，從父輩口中，從大量的書籍報刊中，我越來越多地了解到祖父的為人、事業和功績，才知道他是一位十分了不起的偉人。他不遺財產給子孫，卻留下了最為寶貴的精神財富。2015 年，我代表祖父接受習近平總書記親自頒授的「中國人民抗日戰爭勝利 70 周年紀念章」，感到無比的驕傲和自豪。

100 多年前，祖父陳嘉庚抱定「教育為立國之本，興學乃國民天職」的信念，以辦教育為職志，樹立了傾資興學的歷史豐碑。集友銀行也是他為集美學校倡辦的。80 年前，在抗日戰爭的烽火中，內遷安溪、大田等地的集美學校經費嚴重短缺。一群以陳嘉庚先生親友及其所創辦的厦門大學、集美學校校友為核心的有識之士，循着嘉庚先生辦實業、興教育、服務社會、報國興邦的足跡，以「謀集美學校永久經濟基礎」「確立華僑資金與祖國建設事業聯繫合作之初基」「聯合僑商返國投資，助長祖國復興事業」為目標和使命，發起創辦集友銀行。80年來，一代代「集友人」秉持「以行養校、以行助鄉」的宗旨，傳承弘揚「嘉庚精神」，接續奮鬥，使一家小小的僑資銀行成長為現今總資產超過1800億港元、全行客戶數突破20萬的精品銀行。撫今追昔，飲水思源，集友銀行的成長進步，離不開倡辦人嘉庚先生和「嘉庚精神」的引領，離不開陳文確、陳六使、李光前等前輩的堅定支持，離不開所有「集友人」的拼搏奉獻，也離不開海內外各界的關心幫助！

嘉庚先生認為「有堅強之精神，而後有偉大之事業」，「唯有真骨性方能愛國，唯有真事業方能救國」，堅守「凡事只要以國家利益、人民利益為依歸，個人成敗應在所不計」的理念，他一生為辛亥革命、民族教育、抗日戰爭、解放戰爭、新中國建設和人類進步事業作出了卓越貢獻，被毛澤東同志譽為「華僑旗幟、民族光輝」。2014年10月，在嘉庚先生誕辰140周年之際，習近平總書記在給厦門市集美校友總會回信中指出：「陳嘉庚先生是『華僑旗幟、民族光輝』。」「他愛國興學，投身救亡鬥爭，推動華僑團結，爭取民族解放，是僑界的一代領袖和楷模。他艱苦創業、自強不息的精神，以國家為重、以民族為重的品格，關心祖國建設、傾心教育事業的誠心，永遠值得學習。」習近平總書記的回信高度評價了嘉庚先生，希望廣大華僑華人弘揚「嘉庚精神」。

榜樣的力量是無窮的。在嘉庚先生的影響和感召下，李光前、陳文確、陳六使等人成為嘉庚先生最忠實的支持者、追隨者。嘉庚先生企業收盤後，其許多事業都得到了他們的大力支持。1941年太平洋戰爭爆發，同年12月日軍對馬來半島發起攻擊。1942年春，身在新加坡的嘉庚先生感到「此間戰事甚形危險」，於是勸說陳文確、陳六使、李光前等親友匯款回國，一方面是為了他們的財產安全，另一方面是考慮到這些資金在戰後可以投資祖國、家鄉的各項事業。陳六使匯出 700 萬元，李光前匯出 100 萬元，陳濟民和陳厥祥共匯出 55 萬元，共計 855 萬元法幣。創辦集友銀行的 200 萬元法幣即出自其中。李光前、陳六使等人的功績永遠彪炳集友銀行的史冊！

精神的力量是無法估量的。嘉庚先生是集友銀行的倡辦者，「嘉庚精神」是集友銀行的傳家寶。「嘉庚精神」激勵一代又一代「集友人」不忘初心、開拓進取，將集友銀行不斷做大做強。「嘉庚精神」在一代又一代「集友人」心中薪火相傳、生生不息！

回望過往，是為了更好出發；無論走多遠，都不要忘了為什麼出發。在祝賀集友銀行 80 華誕之際，讓我們一起感恩嘉庚先生和李光前、陳文確、陳六使等前輩，致敬新老「集友人」，感謝各界人士。作為嘉庚先生後人，我衷心期待並祝願祖父倡辦的集友銀行牢記「以行養校、以行助鄉」的使命，踔厲奮發，再創輝煌，為祖國和家鄉的文教公益事業作出新的更大貢獻！

陳嘉庚長孫

陳立人

2023 年 7 月

序言二

以僑為橋聚四海之心、愛國報國合五洲之力

——獻禮集友銀行成立 80 華誕

黨的二十大報告指出:「人心是最大的政治，統一戰線是凝聚人心、匯聚力量的強大法寶。完善大統戰工作格局，堅持大團結大聯合，動員全體中華兒女圍繞實現中華民族偉大復興中國夢一起來想、一起來幹。」

壹引其綱，萬目皆張。在中國革命和發展的各個時期，海外華僑華人都作出了重大貢獻。華僑華人赤誠的愛國報國之心代代相傳，嘉庚先生堪為其中的典範，被毛澤東同志讚譽為「華僑旗幟、民族光輝」。作為著名的愛國華僑領袖、企業家、教育家、慈善家、社會活動家，嘉庚先生光輝的一生所展現出的高尚品格和優良作風，凝結形成了獨特而豐富的「嘉庚精神」。2014 年，習近平總書記在給集美校友總會的回信中，向廣大華僑華人提出「弘揚『嘉庚精神』」「共圓民族復興之夢」的殷切期盼，把「嘉庚精神」提升到更高層面，成為中華民族精神和時代精神的重要內容。

1943 年，以「謀集美學校永久經濟基礎」「確立華僑資金與祖國建設事業聯繫合作之初基」「聯合僑商返國投資，助長祖國復興

事業」為目標和使命的集友銀行由嘉庚先生倡辦。集友銀行創立伊始即重視溝通僑匯，服務僑眷，不僅為集美學校的發展提供了資金後盾，還使華僑資金與祖國建設的關係更為密切。抗日戰爭時期，集友銀行廣泛收解僑匯，暢通僑資回國渠道，便利僑資內移以支援祖國抗戰。抗戰勝利後，集友銀行繼續發展僑匯業務，鼓勵僑資內移，便利僑胞匯兌，扶助工業發展。1947年，鑒於當時國民黨政府的腐敗和嚴峻的國內形勢，集友銀行的股東在香港註冊創立了集友銀行有限公司，此後集友銀行在深耕香港市場的同時，繼續努力經營僑匯、外匯業務，成為聯通內外的橋樑，並將業務拓展至內地，為內地建設引進資金，介紹海外華僑、客商到內地投資，並重回發源地福建，着力支持厦門特區建設，在福建與香港經濟和社會發展中發揮積極作用。新中國成立後，集友銀行獲准代理人民銀行各項儲蓄存款、代理中國銀行華僑儲蓄存款業務，繼續踐行服務僑胞僑眷的歷史使命。2017年，集友銀行股權交割後，成為厦門國際銀行的附屬機構。2018年，集友銀行深圳分行正式開業，同時集友銀行福州分行、厦門分行等分支行煥發活力，積極參與福建的高質量發展，成為閩港合作重要紐帶和成功範例。

截至2022年末，集友銀行憑借便捷周到的零售業務和全方位的跨境金融服務，沉澱了較為廣泛的華僑華人客群，華僑華人客戶數占其個人客戶總數近30%，華僑華人資本佔比近1/3，華僑金融業務量超300億港元，並在東南亞華僑華人中具有較高影響力。為更好地發展華僑金融，助力構建雙循環新發展格局，集友銀行發揮金融紐帶作用，重點為「走出去」及「引進來」的僑商僑企搭建跨境金融平台。集友銀行於2021年擴大美元債投資通道，2022年實現「直投」澳交所債券新渠道，為境內企業赴境外發債搭建橋樑。未來，集友銀行規劃在東南亞設立機構，將華僑金融服務的觸角從境內沿海、香港、澳門等地向東南亞等華僑聚集地輻射，繼續積極踐行國家「一帶一路」倡議，助力凝聚廣大僑心僑力。

一路走來，集友銀行的創立、成長和發展，以及對華僑金融的深耕，始終離不開對「嘉庚精神」的傳承和踐行。正因如此，集友銀行也始終做好「一國兩制」的堅定支持者和實踐者，以實際行動落實愛國精神，以優質華僑金融服務連接華僑華人。2022 年，厦門國際銀行集團已將「嘉庚精神」的誠毅理念納入全行的企業核心價值觀，使其成為聯結厦門國際銀行全體成員的精神紐帶。

風起正是揚帆時，站在新起點，集友銀行將懷揣誠毅之志、弘揚愛國情懷，在新時代積極應對新變化，迎接新挑戰，支持國家重大區域戰略，服務境內實體經濟。同時充分發揮僑資銀行的作用，高舉華僑金融旗幟，積極參與「一帶一路」建設，助力構建雙循環新發展格局，服務廣大華僑華人，繼承嘉庚先生的遺志，全方位融入中國式現代化建設，為實現中華民族偉大復興團結奮鬥！

值此集美學校創辦 110 周年、集友銀行成立 80 周年之際，我們組織編撰了《陳嘉庚與集友銀行》一書。通過一個個生動故事、一幅幅珍貴照片，將嘉庚先生對集友銀行的作用和影響、集友銀行 80 年的歷程與貢獻、華僑金融在集友銀行的扎根和拓展進行回顧與梳理。既是對嘉庚先生的緬懷與感恩、對「嘉庚精神」的感悟與傳承，也是對華僑金融的思考和展望，希望海內外讀者都能從中汲取力量並有所收穫。

厦門國際銀行股份有限公司黨委書記、董事長

集友銀行有限公司董事長

王曉健

2023 年 7 月

目 錄

第一篇 倡辦人陳嘉庚 1

第一篇

倡辦人陳嘉庚

集友銀行倡辦人、首任董事長陳嘉庚（1874—1961）

小行星命名證書

CERTIFICATE

FOR NAMING ASTEROIDS

證書

謹以我臺發現的國際編號爲 2963 號的小行星譽名爲 陈嘉庚星，刊佈於世，永載史册。

中國科學院紫金山天文臺

一九九〇年十一月五日

1990 年，國際小行星命名委員會將中國科學院紫金山天文台發現的第 2963 號小行星命名為「陳嘉庚星」

2019 年，為紀念新加坡開埠 200 周年，新加坡金融管理局推出 20 元紀念鈔，背面印有八位先驅人物形象，陳嘉庚位列其中（前排左二）

陳嘉庚（1874—1961），福建厦門集美人，偉大的愛國華僑領袖、傑出的實業家、教育事業家和社會活動家，集友銀行倡辦人、首任董事長，被毛澤東譽為「華僑旗幟、民族光輝」，曾擔任中央人民政府委員、政協第二屆全國委員會副主席、第一屆全國人民代表大會常務委員會委員、中華全國歸國華僑聯合會主席等職。他艱苦創業，建立起規模龐大的企業王國；他傾資興學，開創了彪炳千秋的教育偉業；他紓難救國，為辛亥革命、抗日戰爭、解放戰爭作出了不朽的貢獻；他回國參政，為新中國的建設獻計出力。他的一生，是奮鬥的一生、奉獻的一生、進步的一生，對中國、東南亞乃至人類的進步事業作出了卓越的貢獻。

陳嘉庚是優秀的華僑企業家、艱苦創業的典範。他恪守「國家之富強在實業」的信條，勇於開拓，誠信經營，建立起一個遍布世界的企業王國，既為大規模興學辦教奠定了堅實的經濟基礎，又為東南亞的經濟發展和社會進步作出了傑出貢獻。

陳嘉庚是卓越的教育事業家、傾資興學的楷模。他秉持「教育為立國之本，興學乃國民天職」的理念，自 1913 年起，創辦、資助了集美學校、厦門大學和新加坡南洋華僑中學（今新加坡華僑中學）等 118 所學校，為社會培養了無數英才，也引領了華僑在海內外捐資辦學的新風。他深有遠見，倡辦的集友銀行，調動華僑金融的力量，有力地保障了教育事業的經費來源。在中國教育史上，陳嘉庚堪稱「千古一人」。

陳嘉庚是著名的社會活動家、紓難救國的旗幟。他胸懷「天下興亡，匹夫有責」的擔當，追隨孫中山，支持辛亥革命；團結帶領南洋華僑全力支持中國抗日戰爭和世界反法西斯戰爭。陳嘉庚為祖國和僑居地的富強進步建立了不朽的功勳。

1949 年，陳嘉庚應毛澤東主席電邀回國參加新政協會議和開國大典，於 1952 年 2 月回國定居。其間，他積極參政議政，致力於社會主義建設，維護華僑利益，心繫祖國統一大業，是鞠躬盡瘁的愛國華僑領袖。1961 年 8 月，陳嘉庚於北京病逝，享年 87 歲。國家給予以國葬的哀榮，其靈柩用專列運回集美，安葬於「鰲園」中。

1990 年 3 月 11 日，國際小行星中心和命名委員會發佈公告，將中國於 1964 年發現的編號為 2963 的小行星命名為「陳嘉庚星」。2009 年 9 月，陳嘉庚當選「100 位為新中國成立作出突出貢獻的英雄模範人物」。2014 年 10 月，習近平總書記給廈門市集美校友總會回信，高度評價陳嘉庚和「嘉庚精神」。2019 年 9 月，陳嘉庚獲「最美奮鬥者」稱號。

集友銀行，一家為教育而生的銀行。飲水思源，它的歷史，與陳嘉庚的名字緊緊地聯繫在一起。為保障集美學校有較為穩定的經費來源，陳嘉庚於抗日戰爭時期倡辦集友銀行，開創了「以行養校、以行助鄉」的先河。「集友人」無限緬懷倡辦人陳嘉庚，感念他的首倡之恩，感佩他的遠見卓識！在「嘉庚精神」的引領和激勵下，集友銀行砥礪前行，發展壯大。

第一章　艱苦創業　自強不息

漁村少年陳嘉庚遠離故土，開啟「下南洋」奮鬥生涯。他先在父親經營的米店學習摸索經商之道，積累實踐經驗。父親實業破產後，他毅然承擔起債務，替父還債，在華僑社會贏得了誠信的美譽。他負債起家，獨立創業，從擅長的黃梨業入手經營，拓展米業，發展航運業，主攻橡膠業，締造起遍佈世界的企業王國，並率先實現橡膠的種植、生產、銷售一條龍，被譽為「橡膠大王」，成為擁有千萬資產的南洋巨商，蜚聲海內外。

第一節　助父經商　嶄露頭角

1874 年（清同治十三年）10 月 21 日，陳嘉庚出生於福建泉州同安縣仁德里集美社（今福建省廈門市集美區）穎川世澤堂的華僑世家。父親陳纓杞（又名杞柏）於 19 世紀 70 年代南渡新加坡經商。母親孫秀妹，同安縣仁德里十一都孫厝社人氏，出身書香門第，善良賢惠，勤儉持家，是陳嘉庚少兒時期的啟蒙老師。陳嘉庚 9 歲入集美社「南軒私塾」讀書，早年的私塾教育讓陳嘉庚打下了頗為扎實的國學功底，接受了儒家學說積極入世的思想，同時也讓他對舊式教育的缺陷有了深刻的認識。1890 年，17 歲的陳嘉庚奉父親之命遠赴南洋，前往新加坡佐理商務。

鰲園石雕所刻陳嘉庚搭船出洋情形

陳嘉庚的父親陳繆杞南渡新加坡時以經營米業起家，經過 20 多年的奮鬥，在當地已頗具聲望。陳嘉庚在父親經營的順安米店協助族叔管理店務，恪盡職守，兢兢業業，初步顯露經商才能。至 1900 年，陳父的生意達到了頂峰，名下資產已達 40 萬元。

1903 年，當陳嘉庚返鄉葬母並守孝三年後回到新加坡，因家庭變故，父親的企業已連年虧損，債台高築。陳嘉庚毅然承諾代父還債，這使他在社會上贏得了誠信的美譽，也因此承接了父親的商業網絡和人脈關係。1904 年，已是而立之年的陳嘉庚獨立創業，開啟了嶄新的人生道路。

第二節　負債起家　搏擊商海

創業之初，陳嘉庚決定從比較熟悉的米業和黃梨[①]業入手。1904年，陳嘉庚以叻幣[②]7000元資本起家，在新加坡郊外創辦「新利川」菠蘿罐頭廠，審時度勢，親力親為。為抓住當時市場對黃梨罐頭的需求，他又果斷購買了500英畝空地，取名「福山園」，種植黃梨，成為當時新加坡最大的黃梨種植園，產量可供生產黃梨罐頭2萬餘箱。此舉不僅穩定了黃梨罐頭廠的原料來源，也降低了原料成本，實現利益最大化。陳嘉庚獨立經營的第一年，獲實利約叻幣6萬元。

1906年，因黃梨罐頭市價下跌，陳嘉庚轉向經營熟米[③]。他了解到熟米利潤可觀，且對南洋一帶常見的脚氣病有很好的療效，銷路很廣，便出資與「恒美」米店經理合作，租房專營熟米。不久熟米價格上漲，業務需求大增，僅僅16個月，共得實利16萬餘元叻幣，這成了陳嘉庚另一個重要經濟來源。

陳嘉庚依靠經營黃梨和熟米獲得實利後，便着手清償父親欠下的債款。當時全部家當只有十幾萬元叻幣的陳嘉庚一下子拿出9萬元叻幣替父還債，這是他誠信品格的生動寫照。

從1904年至1911年，陳嘉庚不僅誠實守信替父還債，而且兢兢業業多元經營，在商海搏擊中逐漸成為新加坡一位有實力的華僑企業家。

第三節　開拓創新　橡膠大王

第一次世界大戰爆發後，航運緊張，運輸困難。1915年，陳嘉庚抓住

① 黃梨，即菠蘿、鳳梨。

② 1845年至1939年，新加坡使用由海峽殖民地發行的「叻幣」作為流通貨幣。

③ 熟米在國外也稱「蒸穀米」，是經過蒸煮、幹燥等步驟處理，再按常規方法脫殼的營養型大米。

時機發展航運，他先租了兩艘船運輸米谷，解決自己的航運問題；後來又增租兩艘船，承接英國政府的運輸，僅一年竟獲利 20 餘萬元叻幣。於是他直接購置「東豐」輪和「謙泰」輪，經營海上運輸，既解決了自己企業的運輸問題，也承運了其他商家的貨物，獲利豐厚，僅 1917 年淨利達 90 餘萬元叻幣。他注意到在戰爭年代黃梨罐頭已成為奢侈品，銷路不廣，自家囤積的產品無法售出，而制造罐頭所用的白鐵皮需求激增，價格猛漲，他迅速抓住商機，減少黃梨罐頭的生產，拋售白鐵皮，獲利近百萬元。

陳嘉庚慧眼獨具，判定 20 世紀是樹膠的時代。1906 年，他購買了 18 萬顆橡膠種子，在福山園黃梨樹間套種橡膠，開啟橡膠業的經營。7 年間他反覆購地墾殖，賣出買入，以小易大，擴大橡膠園規模，至頂峰時期，他擁有橡膠園 1.5 萬英畝，與李德立、陳齊賢、林文慶並稱為「星馬殖產橡膠拓荒人」。

橡膠業是陳嘉庚所有經營行業中規模最大、獲利最多的行業。隨着汽車工業在全球的興起和橡膠需求的日益增加，1916 年起，陳嘉庚果斷地

陳嘉庚公司橡膠制品廠

將黃梨種植改為橡膠種植，將黃梨罐頭廠和米廠改為橡膠制品廠，經營種植橡膠，進行生膠加工和熟膠成品的制造，實現了橡膠經營從單一的農業墾殖到兼有制造業的飛躍，並建立產品推銷網絡，集產供銷於一體，這在東南亞是首創，並引發了其他企業的效仿，從而推動了東南亞橡膠業的發展。他還開創英國統治新加坡百年來華僑不通過洋行而直接與歐美商家交易的先例，開闢國際市場，產品遠銷世界各地。陳嘉庚是東南亞橡膠業的集大成者，被稱為「橡膠大王」。

1919 年，陳嘉庚對各企業進行整合，改組成陳嘉庚公司，將自己在海外生產的產品稱為「國貨」，並註冊「鐘牌」商標，「鐘」裏藏「中」，寓意愛國警鐘長鳴，喚醒民眾勿忘祖國。1925 年，陳嘉庚公司頂峰時，擁有橡膠園 1.5 萬英畝，廠房 30 餘所，職工 3 萬多人，公司分行 80 餘間，代理商百餘家，分佈於五大洲四五十個地區，實有資產達 1200 萬元叻幣。經過 20 多年的艱苦奮鬥，陳嘉庚憑借着過人膽識和非凡的魄力，成為聲名遠揚的南洋巨商。

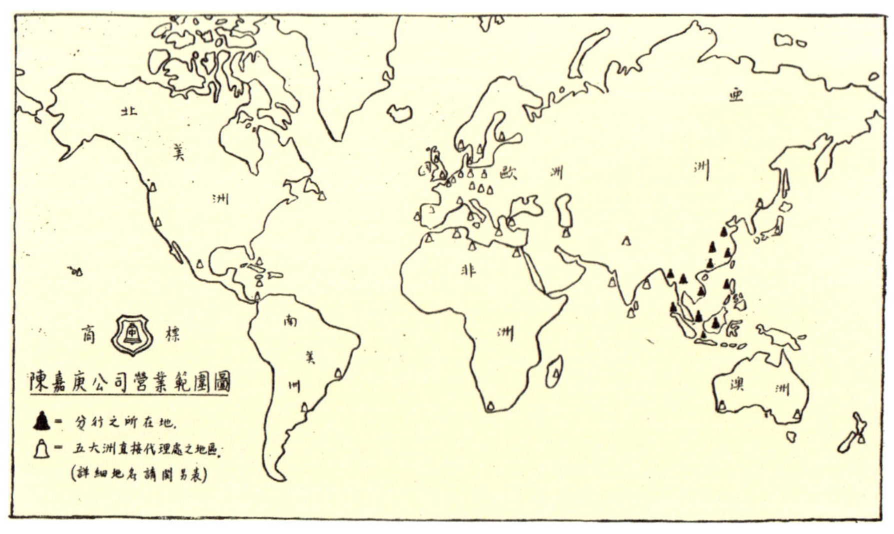

陳嘉庚公司鼎盛時期營業範圍分佈圖

第四節　時運不濟　悲壯落幕

1926年起，膠價大跌，加上外國資本的打擊，陳嘉庚公司經營每況愈下。1928年「濟南慘案」爆發，陳嘉庚號召華僑抵制日貨，日本奸商僱人縱火焚燒陳嘉庚公司橡膠制造廠。世界經濟危機的打擊，西方財團資本上的鉗制，企業經營困境及集美學校、厦門大學辦學經費的負擔等多重原因，陳嘉庚公司面臨嚴峻的形勢。面對企業發展及辦學的兩難，陳嘉庚毅然作出「企業可以收盤，學校决不能停辦」的抉擇。1934年，他在新加坡召開股東非常大會，宣佈企業收盤。

陳嘉庚從1904年獨立創業至1934年企業收盤，所得利潤既不用於個人享受，也不留給子孫後代，幾乎全部用於社會公益事業。陳嘉庚的企業雖然收盤了，但他開創的事業後繼有人。親友李光前、陳六使等後起之秀成為陳嘉庚事業堅定的支持者。

第二章　傾資興學　恪盡天職

陳嘉庚是一位偉大的教育事業家。愛國愛鄉是他興學辦教的力量源泉，興學辦教則是他愛國愛鄉的生動體現。他認為「教育不振，則實業不興，國民之生計日絀」「國家之富強，全在乎國民，國民之發展，全在乎教育」。他懷着強烈的使命感，畢其一生，傾其所有，在家鄉創辦集美學校和厦門大學，為國家為民族培養大量棟樑之材；他以「教育僑民子弟，使之勿忘祖國」為己任，在南洋興辦華文教育，是僑教的領袖和功臣。他秉持「愛國始於愛鄉，強國必先強民」的信念，為閩南僑鄉文教事業的發展殫精竭慮，創造了私人辦學的偉大奇跡。

第一節　創辦集校　開啟民智

1893 年，陳嘉庚奉母命回鄉完婚。1894 年冬，陳嘉庚有感於南軒私塾停辦後社裏兒童求學無門，在樂善好施的母親和深明大義的妻子支持下，便出資 2000 銀圓，在集美創辦了惕齋學塾，供本族貧寒子弟入學就讀。這是陳嘉庚捐資興學的開端。

中華民國成立後，1912 年秋，他懷着興學育才的宏願從新加坡回國，勸告各房停辦私塾，籌辦集美小學校，供全社陳姓兒童入學。1913 年 3 月，鄉立集美兩等小學在陳嘉庚出資修繕的祠堂中正式開學。其後陳嘉庚又出資購買了一個數十畝的大魚池，填池建校，在秋季開學時讓全校師生遷入新址。

集美兩等小學堂師生在新落成的木質校舍前的合影

受辛亥革命和新文化運動的影響，陳嘉庚在創辦集美小學的過程中，已胸懷全局，規劃好發展方向——為女子創造平等的教育機會，完善教育體系。1916 年，陳嘉庚在經營航運獲利後，委派陳敬賢（同胞弟弟）夫婦回鄉增辦女子小學校和籌辦集美師範、集美中學。1917 年 2 月，集美女子小學校順利開學。小學教育建立後，陳敬賢遵照兄長陳嘉庚對學校的宏大規劃和設想——創辦師範和中學。1918 年 3 月，集美師範和中學正式開學，學校主要招收來自閩南、閩西和廣東潮州、梅縣一帶的貧寒子弟及南洋僑生。陳嘉庚和陳敬賢制定並頒佈「誠毅」校訓，希望師生具有實事求是、言信行果的為人之道和剛強果決、百折不撓的處世毅力。集美學校師生尊稱陳嘉庚為校主，尊称陳敬賢為二校主。

集美學校校訓

1919 年 2 月，陳嘉庚委派陳敬賢創辦集美幼稚園。幾經周折，幼稚園師生於 1926 年搬入新建的西班牙哥特式園舍，新園舍共計 34 間，配有園藝室、活動室、噴水池，在當時被盛讚為全國幼稚教育之第一建築物。

陳嘉庚認為「振興工商的主要目的在報國，但報國的關鍵在提倡教育」，因此他把振興實業報效祖國的使命灌注在實業教育的創辦上。他深感中國水產、航海業落後，決心創辦水產及航海學校，振興航海業，開發海洋資源。1920 年 2 月，陳嘉庚創辦集美學校水產科。1925 年春，集美學校增設航海科，陳嘉庚不惜重金購買 4 艘實習船，供學生操艇練習和在海上採集標本。陳嘉庚在商戰中深刻領悟到培養商業人才的重要性，1920 年他創辦集美學校商科（1924 年改為商業部）。1926 年，陳嘉庚又在天馬山麓開辦農林部、添辦集美學校女子師範和幼稚師範、設立國學專門部。陳嘉庚因地、因時制宜，構建多種專業的職業教育體系，為國育才，可謂高瞻遠矚。

此外，陳嘉庚也十分重視民眾教育，在集美大社（大祖祠）開設通俗夜校和閱報室，還設立集美學校教育推廣部，積極扶植閩南地方教育，並號召華僑支援發展家鄉教育事業。

1921 年 2 月，陳嘉庚將所創辦學校的總校名定為「福建私立集美學校」，至 1927 年春，集美學校各部改為獨立校，共計 11 所，由集美學校董事會統一領導管理，並設置一系列為師生學習、工作、生活服務的公共設施，包括集美學校所屬的醫院、圖書館、儲蓄銀行、科學館、體育館、美術館、教育推廣部、水廠、電廠等，形成了從幼稚園、小學、中學到專科，普通教育與職業教育並重，男女學兼備的完整的教育體系和完備的教育設施。

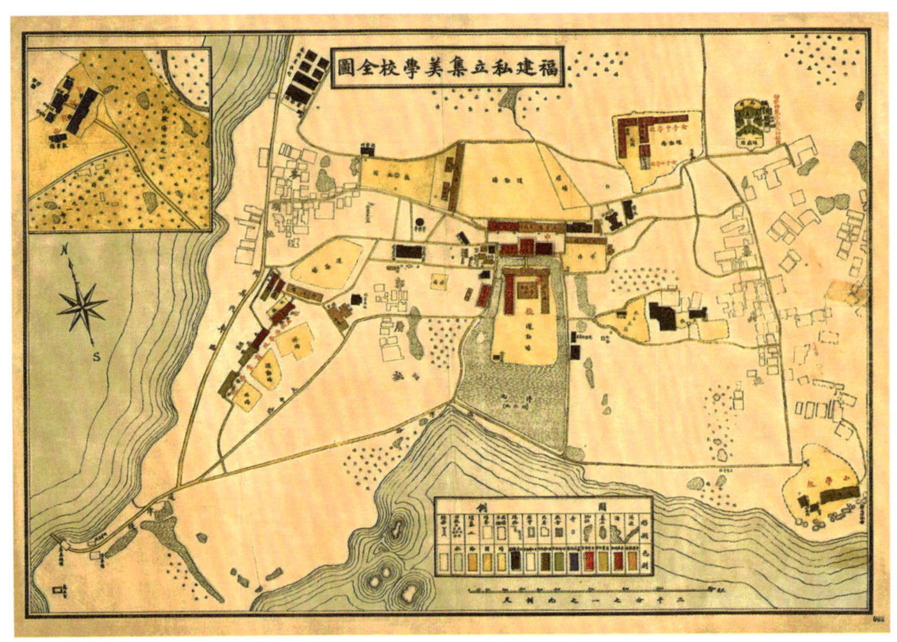

福建私立集美學校全圖（1933 年）

抗日戰爭爆發後，集美學校在戰火中屢受重創，被迫內遷至安溪、大田、南安等地。內遷後的集美學校在極其艱苦的條件下，克服重重困難，苦苦支撐。1943 年，為走出集美學校經費短缺的困境，並遵循陳嘉庚的意願，集友銀行在福建省臨時省會永安成立，銀行實行「以行養校、以行助鄉」，擴大了集美學校的經費來源。集美學校在戰火紛飛中堅持辦學，弦歌不輟。

第二節　締造厦大　作育英才

陳嘉庚認為，在家鄉閩南創辦一所大學非常必要，「何謂根本，科學是也。今日之世界，一科學全盛之世界也。科學之發展，乃在專門大學。有專門大學之設立，則實業、教育、政治三者人才，乃能輩出」。1919 年，提倡民主與科學的五四運動在北京爆發，使陳嘉庚看到了新的希望。他經營的實業蒸蒸日上，集美學校也初具規模。為實現救國宏願，他決心在此基礎上傾資創辦大學。

1919 年夏，陳嘉庚返回故里，親自撰寫《籌辦厦門大學附設高等師範學校通告》，向大眾闡明籌辦厦門大學的動機與目的:「鄙人久客南洋，志懷祖國，希圖報效，已非一日，不揣冒昧，擬倡辦大學校並附設高等師範於厦門。」同年 7 月，在厦門浮嶼陳氏宗祠，陳嘉庚召集社會各界 300 餘人，倡辦厦門大學。他慷慨陳詞:「民心不死，國脈尚存，以四萬萬之民族，決無甘居人下之理」，並當場認捐 400 萬銀圓（相當於他當時的全部資產）。其中，100 萬銀圓作為籌辦費用，300 萬銀圓作為日常費用。1921 年 4 月 6 日，中國近代教育史上第一所由華僑捐資興辦的大學——厦門大學（在集美學校暫借即溫樓，舉行開學式）正式開學。

1921 年，陳嘉庚聘請新加坡僑領林文慶繼任厦門大學校長。林文慶立「止於至善」為校訓，以此規範學生的行為。同時聘請著名教授、學者，組成一支力量雄厚的師資隊伍。至 1926 年，厦門大學已成為涵蓋文、理、教育、商、工、法六科，下分 19 個系的教學科研機構，是國內科系最全的大學之一。

後來，陳嘉庚在企業遭受重重困難時，先後出售橡膠園、公司股本和三棟已過繼給子女的別墅，變賣大廈，維持厦大，支撐厦大運轉。1937 年，迫於經費不濟，陳嘉庚無償將厦門大學捐獻給國民政府，改為國立。「財自我辛苦得來，亦當由我慷慨捐出。」他以高尚的人格建立起一座愛國興教、傾資辦學的巍巍豐碑，彪炳史冊，光照後人。

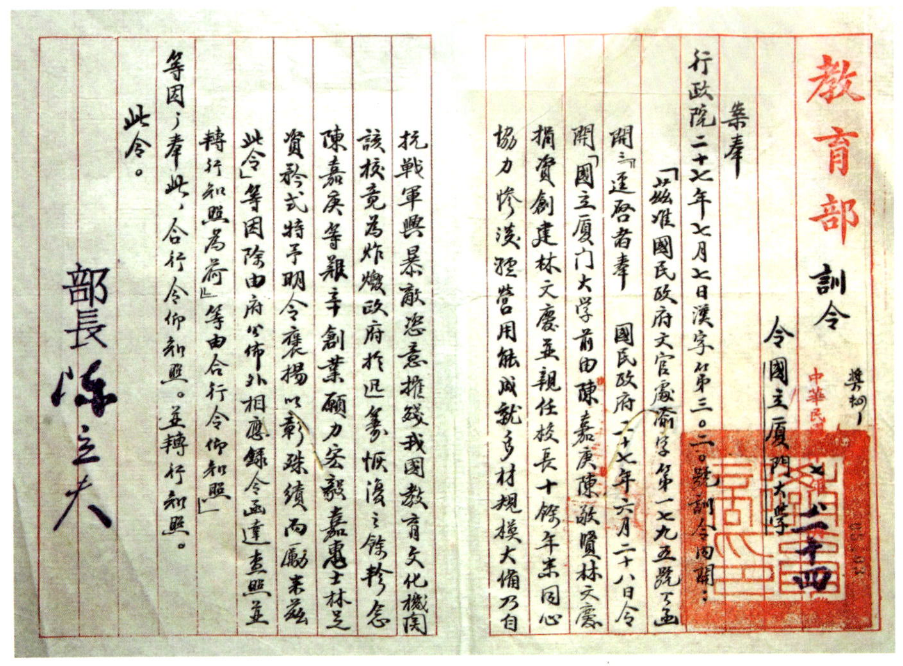

教育部訓令

令國立廈門大學

中華民國二十七年

集奉

行政院二十七年七月七日漢字第三〇二〇號訓令內開：「茲准國民政府文官處渝字第一七九五號函開：『逕啓者，奉 國民政府二十七年六月二十八日令開：「國立廈門大學前由陳嘉庚、陳敬賢、林文慶捐資創建，林文慶並親任校長十餘年來，同心協力，慘淡經營，用能成就多材，規模大備。乃自抗戰軍興，暴敵恣意摧殘我國教育文化機關，該校竟為炸燬，政府於迅籌恢復之餘，矜念陳嘉庚等艱辛創業，願力宏毅，嘉惠士林，足資矜式，特予明令褒揚，以彰殊績，而勵來茲。此令。」等因，除由府公佈外，相應錄令函達，查照並轉行知照為荷。』等由，合行令仰知照。」等因，奉此，合行令仰知照，並轉行知照。

此令。

部長　陳立夫

1938 年，國民政府教育部轉發行政院對陳嘉庚、陳敬賢和林文慶的表彰訓令

第三節　南洋辦學　教化僑眾

早期海外華僑設立私塾、義學、學堂等以教育子弟，後來清末新政時期進行教育改革，倡辦新式學校，海外華僑紛紛效仿。陳嘉庚以巨大的

熱情資助華僑教育公益事業，支持福建會館下屬的道南、愛同、崇福等校的建設和發展。為了讓華僑子女小學畢業後能在當地繼續接受華文教育，1918 年，陳嘉庚聯絡養正學校等新加坡、馬六甲 16 所華文小學的總理，在新加坡中華總商會召開特別大會討論南洋華僑中學籌建事宜，他認捐 1.3 萬元，募捐 5 萬元。1919 年 3 月 21 日，新加坡南洋華僑中學正式開學，陳嘉庚被選為該校第一屆董事長，這是東南亞華僑第一所跨幫系的華文正規完全中學，面向全南洋招生。在陳嘉庚的倡導和影響下，東南亞各地華文中學相繼成立，華文小學也得到了進一步發展。

據不完全統計，陳嘉庚在海外先後帶頭倡辦或參加創辦了多所華文中小學（道南、愛同、崇福、崇本等小學，華僑中學、南洋師範、南僑女中等），2 所中等專科學校（水產航海學校、南僑師範學校），資助過 1 所英文中學（英華中學），贊助過 1 所曾擬辦的大學（星洲大學），幫助過其他多所華僑學校（如中華女校、南洋女中、南洋大學等）。陳嘉庚積極推動海外華文教育，弘揚中華文化，打破幫派界限，團結廣大華僑，對東南亞華文教育作出了卓越的貢獻。

第三章　紓難救國　華僑旗幟

抗日戰爭是中國近代歷史上最偉大的維護國家主權的鬥爭，一切愛國的有識之士、社會各階層、民族、團體、黨派都團結在抗日民族統一戰線的旗幟下，同仇敵愾，共赴國難。海外華僑是這場正義戰爭中的一支雄獅勁旅，功勛卓著。陳嘉庚是南洋地區支援祖國抗戰最傑出的華僑領袖，也是領導南洋華僑團結抗戰的一面不朽旗幟。在他的領導下，南洋華僑以巨大的物力、財力和人力，為祖國抗日戰爭和世界反法西斯戰爭的勝利作出了突出的貢獻。

第一節　入會同盟　支持革命

20 世紀初，以孫中山為首的革命志士在海外積極宣傳革命思想，在南洋建立同盟會分會。1909 年，陳嘉庚經友人林義順介紹，在晚晴園與孫中山結識，受孫中山「民族、民權、民生」思想影響，於 1910 年加入同盟會，這是陳嘉庚政治活動的開始。武昌起義成功後，陳嘉庚與陳楚楠等同盟會會員在天福宮召開閩僑大會，成立福建保安捐款委員會，領導閩僑積極籌款支持福建軍政府，並慷慨資助孫中山，投身於中國民主革命洪流中。

1923年，陳嘉庚當選怡和軒俱樂部總理（後改稱主席）。在他的改革下，怡和軒俱樂部吸納新馬僑領和傑出人物，積極參與社會公益事業，在新馬華僑社會具有較大的影響力和號召力。1928年5月的「濟南慘案」令新加坡華僑社會為之震驚。以怡和軒俱樂部為主的新加坡101個華僑社團積極響應陳嘉庚的號召，聯合發起成立「山東慘禍籌賑會」，組織僑胞捐款救濟受傷軍民。陳嘉庚還率先在其創辦的當時新加坡最大的華文報紙——《南洋商報》上大力提倡國貨，號召抵制日貨，在華僑社會產生重要的影響。籌賑會歷時9個月，各埠華人捐款達500萬國幣。這次活動的規模和影響是空前的，極大提高了陳嘉庚在新馬華僑社會的影響力。

1929年2月，陳嘉庚被推選為新加坡福建會館主席。福建會館經陳嘉庚的改組後，積極開展社會公益活動，作為福建人的宗鄉組織，不僅促進了閩幫的團結，而且促進華人幫群社會的整合。它使閩幫由此成為東南亞華人社會赫赫有名的一大幫，也奠定了陳嘉庚在閩幫乃至東南亞華社的領導地位。1931年，九一八事變爆發，作為新加坡福建僑團領袖，陳嘉庚毅然挺身而出，呼籲華僑愛國大團結，努力消除華僑社會各幫派間的隔閡，他說:「全僑之團結，關於愛國心理之演進者甚大……愛國與人民團結，實有至大關係。要愛國必須團結，既團結尤要愛國。何以言之，愛國而無團結，則如一盤散沙，力量奚以集中。既團結而不愛國，則團結亦屬空泛。」① 他高舉愛國團結旗幟，積極組織華僑抵制日貨，開展反日宣傳；積極向華僑募捐巨款支援抗日；大力推動華僑開展愛國救鄉運動。陳嘉庚在一系列救亡圖存運動中逐漸建立起了崇高的威望和領導地位，成為南洋華僑社會深孚眾望的領袖人物。

---

① 雷克嘯：《陳嘉庚精神》，福州：福建人民出版社，1999年9月，第46頁。

第二節　統領南僑　抗日救亡

1937年，全面抗戰爆發後，南洋各地抗日救亡活動進入高潮。1938年，在菲律賓僑領李清泉、印度尼西亞僑領莊西言提議和國民政府的支持下，陳嘉庚出面組織南洋華僑籌賑總機關。同年10月10日，來自新加坡、馬來亞、荷屬東印度群島（印度尼西亞）、菲律賓、暹羅（泰國）、緬甸、越南等南洋各地區45埠168人匯集新加坡南洋華僑中學禮堂，參加南洋華僑史上空前的愛國盛會——南洋各屬華僑籌賑祖國難民代表大會，大會決議成立「南洋華僑籌賑祖國難民總會」（簡稱「南僑總會」）。作為南洋華僑抗日救亡的最高領導機關，南僑總會總機關設在新加坡，直接領導的下屬分支機構有68個。大會公推陳嘉庚為主席，莊西言、李清泉為副主席，辦事處設在新加坡怡和軒俱樂部。大會號召南洋華僑大敵當前要實現大團結，並制定《籌賑辦法舉要》，決定各埠分會每月義捐400餘萬元國幣直至抗戰結束，有計劃、有組織地安排開展支援祖國抗戰活動。南僑總會的成立是「南洋華人抗日運動的新紀元」，這是南洋華僑衝破地域觀念、共同抗日救國大團結的標誌。陳嘉庚成了團結千萬僑胞、領導抗日救亡運動的一面旗幟，成了統領整個東南亞華僑的領袖。

在陳嘉庚的領導下，南僑總會積極發動南洋華僑以財力、物力、人力支援祖國抗戰，其中貢獻最大的是募捐和僑匯。據統計，從1937年到1941年年底，華僑匯款平均每年在10億元左右，這筆巨大的外匯收入，後來被日本政府及學者稱為「抗日戰費」。在當時國際援助十分有限的情況下，華僑捐款、購買公債以及僑匯成為國民政府外匯收入的主要來源，是支持抗戰的重要財政支柱。而南僑總會抗戰募捐又是海外華僑募捐中表現最踴躍、捐獻比重最大的，有力支援了祖國抗戰。在物力方面，南洋華僑源源不斷地捐獻各種物資，從飛機、坦克、救護車等車輛，到被褥毛毯、冬夏服裝，乃至各類藥品等國內短缺的戰爭和生活用品，品種齊全，方式多樣，有力地支援了祖國抗戰，一定程度上奠定了中國抗戰勝利的物質基礎。

為了保障抗戰前線獲得戰略物資，南洋愛國華僑青年積極響應南僑總會主席陳嘉庚的號召，回國擔任司機和修車機工（簡稱「機工」）支援抗戰。通過南僑總會應募回國服務者有 3200 多人，超過原計劃的近 6 倍，他們分批回國，在异常崎嶇艱險的滇緬路上，克服千難萬險，置生死於度外，夜以繼日搶運戰略物資，確保這條抗日生命線的暢通。

1938 年，時任國民黨副總裁的汪精衛公然主張與日言和，陳嘉庚多次規勸無果。在事關國家民族前途的大是大非面前，陳嘉庚不因私交而緘默，他敢言人之不敢言，敢為人之不敢為，向第二次國民參政會提案：「在敵寇未退出國土以前，公務人員任何人談和平條件者當以漢奸國賊論。」這份電報提案是擲向投降派的一顆重磅炸彈，被鄒韜奮譽為「古今中外最偉大的一個提案」。在海外華僑中掀起了一場轟轟烈烈的討汪運動。

在敵寇未退出國土以前公務人員任何人談和平條件者當以漢奸國賊論
福建新聞社
陳嘉庚

陳嘉庚致國民參政會提案

1939 年冬，我國沿海重要港口相繼淪陷，海外華僑與祖國的聯繫受阻。為了鼓舞祖國同胞抗戰和了解國內形勢，以激勵僑胞支援祖國的熱情，1940 年 2 月，陳嘉庚發起組織

「南洋華僑回國慰勞視察團」(簡稱「慰勞團」)。慰勞團於 1940 年 3 月出發，慰勞團成員陳嘉庚與南僑總會副主席莊西言、南僑總會秘書長李鐵民等由仰光飛赴重慶，在重慶機場受到各界熱烈歡迎。

1940 年 3 月 26 日，重慶各界到機場歡迎陳嘉庚（前排中）等南僑回國慰勞團成員

在重慶考察一月餘，其間，陳嘉庚與蔣介石等國民黨軍政要員及各界人士見面、會談，參觀考察西南運輸公司運輸站、化學制造廠、軍械廠、工業合作社、造紙廠等，一方面了解國內抗戰情況，另一方面表達海外華僑對祖國軍民的慰問之情。考察期間，令陳嘉庚最不滿的是國民黨軍政要員府邸之富麗堂皇、生活之奢華，政府要員假公濟私、貪污腐敗。

慰勞團在重慶參觀訪問後，分三團前往各地進行慰勞工作。陳嘉庚同侯西反、李鐵民往成都、蘭州、西寧、西安訪問考察，沿途所見「前方吃緊，後方緊吃」的景象，令他傷感不已，也堅定了他前往延安的決心。

延安各界熱烈歡迎陳嘉庚

陳氏演說堅持團結抗戰

毛澤東同志特設席歡宴

（本報延安通訊）南洋華僑領袖、國民參政員陳嘉庚及侯西反、李鐵民，并陝省府特派陪送陳侯諸先生之第一科科長壽家俊先生等一行，於五月卅一日下午五時由洛川抵延安，此間各界事先聞訊，齊集南門外迎接，計有參政員王明、吳玉章、陝甘寧邊區副主席高自立、×路軍後方留守處主任蕭勁光，以及所屬各機關代表，各群衆團體，各學校，共三千餘人。陳等一行到達下車後，即與列隊歡迎者頷首爲禮，陳氏雖已年邁，然精神矍鑠，步履甚健，略事休息後，即出席延安各界歡迎大會。由高自立主席致歡迎詞後，即請陳嘉庚先生講話。略謂：抗戰一定要堅持下去，團結一定要加緊，漢奸汪精衛份子一定要剷除，只有這樣，才能激勵僑胞愛國之心，積極幫助祖國抗戰。繼由侯西反、李鐵民、壽家駿、蕭勁光等演說，六月一日下午六時，中共領袖毛澤東設席歡宴陳氏等，由朱德將軍及王明同志等作陪，席間賓主談笑頗歡。陳氏擬在延勾留數日，參觀當地各種建設，即轉晉西晉謁閻司令長官。

（中央社西安十七日電）陳嘉庚等返西安後，赴臨潼遊覽，十七日晨返省，晚十二時半，乘隴海車赴洛陽，轉前方勞軍。

延安各界熱烈歡迎陳嘉庚的新聞報道

1940 年 5 月 31 日，陳嘉庚一行抵達延安，受到延安各界人士的熱烈歡迎。陳嘉庚原計劃在延安逗留三四天，因李鐵民受傷住院而延滯幾天，這讓陳嘉庚有更多時間了解延安、了解中國共產黨。

百聞不如一見，陳嘉庚在延安考察八天，親見這裏軍民艱苦樸素、同仇敵愾、市景秩序井然、治安穩定，領導親民廉潔、言行一致。延安種種的新氣象，與重慶形成了鮮明的對比。在與毛澤東、朱德的多次會面與交談中，陳嘉庚感受到兩位領導人以身作則的樸素生活作風及平易近人的親民愛民形象，及其擁護國共團結合作的抗日統一戰線的誠懇態度以及堅持抗戰到底的立場和決心。懷着「喜慰莫可言喻，如撥雲霧見青天」的心情，陳嘉庚離開延安之後熱情地向國內外宣傳自己在延安的所見所聞，宣傳陝甘寧邊區建設所取得的偉大成就，認定「中國的希望在延安」，開始義無反顧地擁護和支持中國共產黨。延安之行是陳嘉庚一生中最大的一次政治轉折。

1941 年 12 月，太平洋戰爭爆發。英軍不戰而退，新加坡岌岌可危。陳嘉庚臨危受命，在新加坡組織成立了「星洲華僑抗敵動員總會」，領導華僑開展轟轟烈烈的抗敵救援活動，保衛僑居地。直到日軍佔領新加坡前夕，陳嘉庚才離開新加坡。

1941 年 12 月，「星洲華僑抗敵動員總會」成立，此為英殖民政府首次授權華僑代表人物主持抗日工作。圖為會後陳嘉庚（前排中）與馬來半島英軍總司令白思華中將（前排左一）、皇家空軍遠東總司令官布福少將（前排右一）等人的合影

在包括厦大、集美校友在內的愛國華僑及其眷屬等人的掩護下，陳嘉庚在印度尼西亞多次輾轉遷移，化名「李文雪」，同黃丹季與郭應麟、林

翠錦夫婦及其兩幼女等組成一個特殊家庭，最後在瑪瑯匿居下來。在日寇瘋狂搜捕的危境中，陳嘉庚鎮定自若，臨危不懼，隨身攜帶劇毒氰化鉀，隨時做好寧為玉碎不為瓦全的準備。匿居期間，陳嘉庚憑借驚人的毅力，完成30餘萬字的長篇巨著《南僑回憶錄》，該書記錄了南洋華僑抗日救亡的歷史和貢獻，為後世留下了珍貴的史料。日本戰敗後，他又組織調查淪陷期間僑胞所受生命財產損失情況，彙編《大戰與南僑》一書，詳細記錄「二戰」期間南洋僑胞在淪陷區為抗戰所作的巨大貢獻和犧牲，為馬來亞華僑抗日研究提供了重要的史料。

1945年10月6日，陳嘉庚安全返回新加坡的消息傳開後，海內外愛國同胞以各種方式熱烈慶祝他的安全歸來，毛澤東盛讚陳嘉庚為「華僑旗幟、民族光輝」。陳嘉庚在民族危難之際領導南洋華僑始終與祖國人民同呼吸、共命運，團結抗日，赤膽忠誠，充分展現出崇高的愛國主義精神和強烈的民族責任感，不愧為傑出的愛國華僑領袖，深得海內外人民的擁護和愛戴。

第三節　主張和平　要求民主

抗戰勝利後，國家前途、民族命運是海內外中華兒女共同關注的問題。回到新加坡後，陳嘉庚奔走呼號：反對獨裁政治，呼籲民主；以南僑總會主席的名義致電美國總統杜魯門，要求美國停止支援國民黨發動內戰；創辦《南僑日報》，為和平民主鼓與呼。

為了讓廣大華僑了解國內真相，明辨是非，在南洋各界愛國人士的積極推動下，陳嘉庚於1946年11月21日正式刊行《南僑日報》，他在創刊號《告讀者》中言簡意賅地闡明了辦報的宗旨，即「我海外華僑本愛國真誠，求和平建設，茲故與各幫僑領，創立《南僑日報》，其目的在團結華僑，促進祖國之和平民主，俾內戰早日停止，政治早日修明，國民幸福早日實現，以達到孫國父建國之主旨」。陳嘉庚通過《南僑日報》發表了許多專論和演講詞，積極呼籲廣大華僑團結起來，反對獨裁，為建立和平、獨立、民主的新中國而努力。《南僑日報》在陳嘉庚的領導下，成為南洋愛國華僑的重要輿論陣地，為中國民主革命的勝利作出了重要貢獻。

第四章　鞠躬盡瘁　民族光輝

愛國主義精神是貫穿陳嘉庚一生的主線，是陳嘉庚一生恪守的信念，從支持孫中山辛亥革命、經營實業傾資辦學到領導南洋華僑支援抗日戰爭，陳嘉庚在國難深重的時候總能為國分憂。當新中國曙光即將到來時，陳嘉庚的愛國主義精神進一步昇華，遲暮之年仍決意回國，滿腔熱情地為新中國建設奮鬥到生命的最後一息。

第一節　回國定居　參政議政

隨着解放戰爭局勢的重大轉變，1948 年 4 月 30 日，中共中央發佈紀念「五一」勞動節口號，號召「各民主黨派、各人民團體、各社會賢達迅速召開政治協商會議，討論並實現召集人民代表大會，成立民主聯合政府」。5 月 4 日，陳嘉庚主持召開新加坡僑團大會，在海外率先響應「五一口號」，並代表新加坡僑團致電毛澤東：「本大會……堅決否認蔣介石為總統，並一致決議，通電響應貴黨號召，盼早日召開新政協會議，迅速建立聯合政府，以解除人民痛苦，保障華僑利益。」[①] 毛澤東在諸多華僑來電中

① 中國人民政治協商會議全國委員會文史資料研究委員會：《五星紅旗從這裏升起》，北京：文史資料出版社，1984 年，第 192 頁。

回覆了以陳嘉庚為首的新加坡僑團，並於 1949 年 1 月 20 日電邀陳嘉庚回國參加新政協籌備會。拳拳赤子心，殷殷報國情，76 歲高齡的陳嘉庚在莊明理、張殊明等人的陪同下，滿懷熱情地踏上了回國之路。

1949 年，新政協籌備會常務委員在中南海合影，前排左起：譚平山、章伯鈞、朱德、毛澤東、沈鈞儒、李濟深、陳嘉庚、沈雁冰；二排左起：黃炎培、馬寅初、陳叔通、郭沫若、蔡廷鍇、烏蘭夫；三排左起：周恩來、林伯渠、蔡暢、張奚若、馬敘倫、李立三

陳嘉庚作為華僑首席代表出席新政協籌備會，參與討論擬定國旗、國徽及國歌等方案。新政協籌備會過後，他便前往東北地區進行長達兩個多月的深入考察，沿途所見所聞都在復興建設中，心中頗感欣慰。1949 年 9 月 21 日至 30 日，中國人民政治協商會議第一屆全體會議召開，陳嘉庚當選中國人民政治協商會議第一屆全國委員會常務委員。會議期間，他結合遊歷東北所觀所感，從維護海外華僑權益和為新中國建設發展角

度，提了七項具有建設性的提案，均被大會接受並交中央人民政府處理。

1949 年 10 月 1 日，陳嘉庚參加了中華人民共和國中央人民政府成立典禮。同年 10 月底他再次啟程，開始南下之行，親眼見證了各地社會和生產秩序逐漸恢復之狀，朝氣蓬勃的景象與 1940 年回國慰勞所見的殘瓦頹垣形成鮮明對比，心中不免感到欣喜和慰藉。

1950 年 2 月，陳嘉庚返回新加坡，在新加坡中華總商會舉行的歡迎大會上作了題目為「回國觀感」的演講，向華僑報告了新中國成立的盛況，以及在軍事、政治、農工業、文化教育和人民生活等方面的成就，表明新中國的前途無限光明。隨後又將這次回國考察見聞整理成文章通過《南僑日報》發表，後彙編成《新中國觀感集》，附錄《住屋與衛生》《民俗非論集》兩文，印行 70 萬冊，在海內外廣泛宣傳新中國的新面貌。1950 年 5 月，陳嘉庚惜別家人，告別僑居近 60 年的新加坡，滿懷希望與豪情，在古稀之年回國定居，為新中國建設再「盡國民一分子之天職」。

回國定居後，他結合自己多年積累的實業經驗和在祖國各地的遊歷調研，提出了很多符合當時國情的政策建議，涵蓋工業、外交、教育、僑務等內容，大多為中央人民政府採納，為新中國建設作出了重要貢獻。

陳嘉庚重視調查研究，1955 年 7 月至 12 月，在莊明理、張楚琨、張其華等人的陪同下第三次到祖國各地考察，對沿途所見的新氣象十分歡喜，他對莊明理說:「新中國成立後，我們每次所到的地方，所看到的各方面的情況，都一次比一次進步，新氣象、新建設多到不勝枚舉。像這樣的情況，的確使人感到愈看愈歡喜。」[①] 在歷時 5 個多月的參觀考察中，陳嘉庚將沿途所見所感及時反饋給毛澤東、周恩來和人大常委會，並附上 15

① 莊明理：《悼念陳嘉庚先生》，載《陳嘉庚先生紀念冊》，陳嘉庚先生紀念冊編輯委員會編，1961 年，第 30 頁。

項提案建議，發表《偉大祖國的偉大建設》一文，介紹視察 16 個省區 30 多個城市的見聞和感想。

第二節　寸心春暉　建設家鄉

陳嘉庚在海外漂泊了大半生，1950 年回國後因惦念集美學校和厦門大學的修復與建設，決定回家鄉集美定居。除了參與國家大事的商討，他把大部分時間和精力都投入集美學校的復興、集美學村的建設及厦門大學校舍的擴建上，並對福建的建設貢獻真知灼見，為福建發展和人民生活的改善盡心盡力。

厦門解放不久，國民黨軍機轟炸集美學校，學校損失慘重，陳嘉庚回鄉定居後，便着手修復遭到戰爭破壞的各校校舍，並開展大規模的校舍擴建工作。因「修復集美學校的校舍和擴建厦門大學的規模，需要很多資金，這主要靠向海外親友籌集。爭取僑匯既有利於學校建設，又有利於社會主義建設，一舉兩得」。[①] 陳嘉庚親自寫信與海外親友聯繫，籌措建設經費，並通過僑匯存入集友銀行，以資生息，以息養校，減輕國家教育投入的負擔，恢復並維持學校的發展。據統計，陳嘉庚回國定居 11 年間，「為了修建和擴建厦門大學和集美學校兩校校舍，並落實周總理關於『號召華僑多寄僑匯，幫助祖國社會主義建設』的指示，而不遺餘力地向海外親友籌集資金。據估計：包括為南安國光學校爭取的校費在內，他前後爭取的僑匯在港幣三千萬元以上」[②]。陳嘉庚的一生為集美學校和厦門大學的建設

① 邱方坤：《陳嘉庚解放後籌劃辦學經費紀實》，載《回憶陳嘉庚——紀念陳嘉庚先生誕辰一百一十周年》，全國政協文史資料研究委員會、中華全國歸國華僑聯合會、福建省政協合編，北京：文史資料出版社，1984 年，第 259 頁。

② 邱方坤：《陳嘉庚解放後籌劃辦學經費紀實》，載《回憶陳嘉庚——紀念陳嘉庚先生誕辰一百一十周年》，全國政協文史資料研究委員會、中華全國歸國華僑聯合會、福建省政協合編，北京：文史資料出版社，1984 年，第 264 頁。

發展嘔心瀝血，數十年如一日。

陳嘉庚在主持兩校校舍的修復和擴建時，事必躬親，使集美學校不僅很快得到恢復而且發展迅速。從 1950 年至 1961 年，除政府撥款外，陳嘉庚共籌措資金 575 萬元，新建大批校舍和公共設施，擴建了圖書館、科學館、醫院、電廠、自來水廠，新建南薰樓、道南樓、海通樓、福南大會堂和鰲園等，修、擴建面積達 16 萬平方米，是新中國成立前校舍總面積的 3 倍多。

陳嘉庚儘管已經把厦大捐給國家，但對厦大發展的關心絲毫未減。1950 年，考慮到厦大擴建工程規模大，他特地成立厦大建築部，招收閩南各地的石匠、木匠、泥水匠千餘人，組建基建隊伍。其間，他每星期從集美寓所輪渡到厦大工地巡視兩次，不論嚴寒酷暑，風雨無阻。從 1950 年至 1955 年共建成校舍 24 幢，包括建南樓群、芙蓉樓群、國光樓群、豐庭樓群以及厦大醫院、海水游泳池、運動場等，其中最為壯觀的是「一主四從」的建南樓群，「像一個巨人張開雙臂屹立在厦門港口東海之濱的小山上」，有海納百川之氣勢。他說：「台灣統一後，將有萬噸十萬噸的外國和本國的輪船從東海進入厦門，讓他們一開進厦門港就看到新建的厦門大學，不，看到新中國的新氣象……」① 陳嘉庚為厦門大學的發展深謀遠慮，擘畫藍圖。

當新中國百業待舉，各地掀起建設熱潮時，陳嘉庚也積極參與推動福建的建設與發展。他認為福建山多田少，交通不便，嚴重影響福建經濟的發展，影響了海外福建華僑和家鄉的往來。1950 年，全國政協一屆二次會議期間，陳嘉庚提出修建福建鐵路的建議並獲得通過。1952 年，陳嘉庚又致函毛澤東，陳述了福建修建鐵路的必要性和重要性，鷹厦鐵路最終被列

① 陸維特：《巨大的貢獻 難忘的功績——解放後陳嘉庚擴建厦門大學的若幹回憶》，載《回憶陳嘉庚——紀念陳嘉庚先生誕辰一百一十周年》，全國政協文史資料研究委員會、中華全國歸國華僑聯合會、福建省政協合編，北京：文史資料出版社，1984 年，第 212 頁。

入第一個五年計劃。1955 年 2 月，鷹厦鐵路動工，1956 年 12 月建成通車。其間，陳嘉庚還提議修建一條連接厦門高崎與集美半島的高集海堤和一條連通鷹厦鐵路的杏集海堤，這不僅有利於厦門經濟發展和海防戰備需要，而且能促進閩西南經濟的發展。此外，他還對福州、厦門的城市建設及厦門港規劃提出一些建議供有關部門決策參考，多項提案均得以落實，如制定修建福州自來水廠工程方案，解決了福州市民長期用水難的問題；提議在福建發展紡織工業，擴大就業和出口創匯，建立厦門杏林紡織廠；帶頭動員集美全鎮居民填平房前屋後的私廁，砌成 76 座公廁，改善居民環境衛生；撰寫《厦門的將來》，分析厦門港的優勢與發展意義並規劃筼筜港建設等。

第三節　愛僑護僑　心繫統一

新中國成立後，作為華僑首席代表，陳嘉庚不遺餘力地為華僑代言，積極維護華僑的合法權益。在全國政協會議上，他説出了海外僑胞的心聲：「華僑一向期望祖國獨立、自由、民主、強盛，現在這個希望完全成為事實了……華僑已經不是所謂『海外孤兒』，而已經有了一個偉大的慈母，這就是偉大的中華人民共和國。」他提議，「早日建立外交關係，派出使領，以正常外交手續，予以切實保護」。陳嘉庚衷心擁護《中華人民共和國憲法草案》第九十八條「中華人民共和國保護國外華僑的正當的權利和利益」，説：「我看有這一條就很好，就夠了，再多了不是做不到，就是不必要。憲法草案有這麼一條，對於國外華僑就是很大的鼓舞。」他高度讚賞憲法草案對海外華僑的重視和保護，相信有了憲法的保護，勢必增強海外華僑的自信心，使他們更加團結、更加熱愛祖國。

作為華僑領袖，陳嘉庚始終高舉民族團結旗幟，號召海外華僑積極參與祖國的社會主義建設事業。1956年10月，陳嘉庚當選中華全國歸國華僑聯合會主席，他認為歸國華僑聯合會應更廣泛地團結和組織歸僑、僑眷和華僑，加強社會主義教育，進一步鼓勵並幫助他們參加祖國建設事業。此前在1956年9月20日，陳嘉庚即撰寫《倡辦華僑博物院緣起》一文並帶頭認捐10萬元，同時通告海內外，號召僑胞捐款捐物以創辦一個有別於學校教育的文化機構——一所華僑集資興建的博物館。他說:「這是我們

1959年，華僑博物院開幕典禮上陳嘉庚（前排中）與來賓留影

效力祖國建設的絶好機會，無論你們已回到國內，或還在海外，應該各本各人的力量，肩負起責任來幫助祖國做好這一建設。」動員海外華僑共同參與社會主義文化建設，興建一所華僑設立的博物館，使其成為祖國同海外僑胞聯繫的橋樑和思想情感的寄託之地，可見陳嘉庚之深謀遠慮。1959年5月14日，我國第一座由華僑集資興建的文博機構——華僑博物院在陳嘉庚的倡辦下正式對外開放。

陳嘉庚為新中國僑務工作殫精竭慮，他鼓勵華僑回國投資，參與新中國建設；向中央建議創辦華僑補習學校，並在集美學村創辦僑屬子弟補習學校，為華僑子弟創造上學條件；鼓勵華僑加入住在國國籍，公開譴責1959年印度尼西亞排華暴行，並及時領導安置受迫害的印度尼西亞歸僑等。他一生愛僑護僑，與僑胞心連心。

解決台灣問題，實現祖國統一大業是陳嘉庚晚年時刻關心的問題。陳嘉庚一生目睹台灣從清政府時期割讓給日本到蔣介石依靠外部勢力盤踞，無不痛心和憤慨。他多次發表談話，論述台灣與大陸的歷史淵源，反對外國勢力干涉中國內政。他呼籲所有的愛國同胞:「對推動和平解放台灣的事業，應該和祖國人民一道，擔負起應負的責任。」他還動情地以老同盟會成員身份回顧與海外國民黨人參加同盟會、親密合作、共同抗日的經歷，呼籲海外國民黨人以國家民族大義為重，共同推進和平解放台灣的事業。陳嘉庚將這個心願鐫刻在他親手設計建造的鰲園內集美解放紀念碑前的石壁上，請石匠刻錄了《台灣省全圖》，並附刻其晚年親撰的《台灣史略》，宣示台灣自古以來是中國領土的事實，飽含了他對實現祖國統一大業的期盼。即使在彌留之際，他仍念念不忘祖國統一大業，留下了「最要緊的是國家前途，應盡早解放台灣，台灣必須歸中國」的遺願。

陳嘉庚從舊民主主義革命者轉變為新民主主義革命者，最終轉變為擁護社會主義的愛國者，堅決擁護中國共產黨，支持新中國的內外政策，始終高舉民族團結的旗幟，與中國共產黨風雨同舟，肝膽相照，榮辱與共。

1961 年 8 月 12 日，陳嘉庚在北京與世長辭。他生前三立遺囑交代身後事，始終牽掛各項事業，尤其是國家的前途和集美學校的未來。

巨星隕落，他的精神將永遠感召和凝聚海內外中華兒女的心，激勵着海內外中華兒女為實現中華民族偉大復興的中國夢奮勇前進。

斯人已逝，他的名字將永遠銘記在海內外中華兒女的心間，永遠鑲刻在宇宙星辰之間，閃耀天地，光耀千秋！

1961 年 8 月 12 日，陳嘉庚在北京逝世，黨和政府在中山堂為陳嘉庚舉行公祭大會，周恩來、朱德等參加執紼

1961 年 9 月 10 日，新加坡中華總商會聯合各界追悼陳嘉庚的大會現場

1961 年，香港各界追悼陳嘉庚的大會

以「陳嘉庚」命名的石斛蘭「陳嘉庚花」

第二篇

光榮八十載

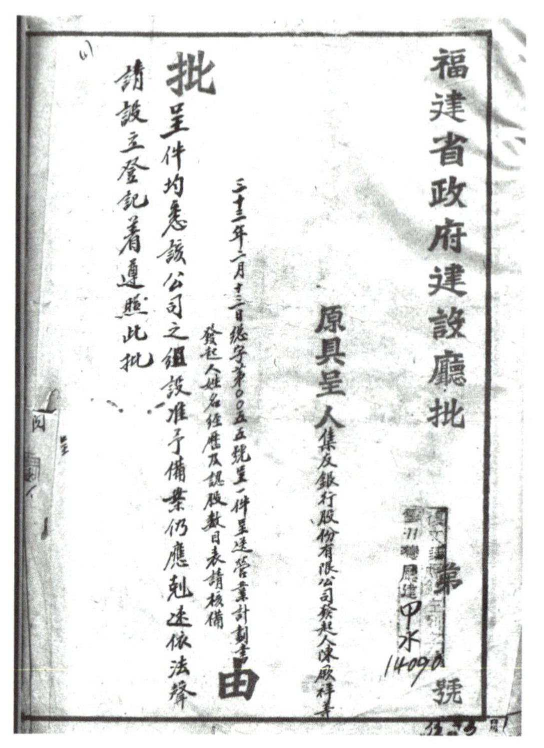

福建省政府建設廳批　第　號

原具呈人集友銀行股份有限公司發起人陳厥祥等

三十三年一月十三日總字第〇五五號呈一件呈送營業計劃書發起人姓名經歷及認股數目表請核備　由

批

呈件均悉該公司之組設准予備案仍應剋速依法聲請設立登記着遵照此批

福建省政府建設廳關於集友銀行准予備案的批文（1944年2月22日）

陳嘉庚（左）與李光前（中）、陳六使（右）合影

1943年，一家名為「集友」的僑資銀行在福建省臨時省會永安誕生，它的創立與一所學校和一群人密切相關。這所學校是陳嘉庚創辦的集美學校，這群人是以陳嘉庚的親友和集美學校、厦門大學校友為核心的有識之士。這些陳嘉庚的追隨者和襄助者，為集美學校的發展，為實現助學興邦的理想，設立集友銀行。它的誕生開創了「以行養校、以行助鄉」的盛舉，也為華僑金融事業增添了生力軍。

自誕生開始，集友銀行就在華僑旗幟陳嘉庚的引領下，朝着「以行養校、以行助鄉」的方向奮勇進發，追逐夢想。從永安啟航，到香港扎根，經歷了抗戰烽火、改革開放、香港回歸，與祖國共成長，與時代同進步。一路走來，「嘉庚精神」和銀行創行宗旨薪火相傳，激勵着一代又一代集友人不斷傳承跨越，將自身的力量匯入實現中華民族偉大復興的宏偉進程中！

第一章　篳路藍縷　以啟山林

集友銀行誕生的1943年，世界反法西斯戰爭形勢開始發生重大變化，中國抗戰已度過最困難時期，進入戰略反攻階段。由於連年戰爭帶來的巨大消耗和破壞，中國經濟極為困難。彼時，在戰火硝煙中堅持辦學的集美學校也面臨着經費緊缺的困境。

當時，集友銀行的創辦者們為「謀集美學校永久經濟基礎」「確立華僑資金與祖國建設事業聯繫合作之初基」「聯合僑商返國投資，助長祖國復興事業」，發起創辦一家以興邦助學為主要目標的銀行，可以說切中了時代的脈搏。此舉不但為陳嘉庚愛國興學的事業開創了一條「以行養校、以行助鄉」的路徑，而且為聯結華僑資金回國助力祖國復興架設了橋樑。

於是，集友銀行總行在福建永安成立後，創辦者們懷着滿腔愛國熱情，以無比的勇氣和毅力，克服種種困難，陸續在東興、柳州、泉州、漳州、福州等地開設了多個分支機構，建立橫跨閩、粵僑鄉的分行網絡。1945年，抗戰勝利後，集友銀行總行由永安遷往廈門。1947年，解放戰爭時期，經濟走向崩潰。集友銀行的主事者在陳嘉庚的支持下，果斷決定到當時經濟已逐漸復甦的香港創業。這個決定對集友銀行的發展產生了深遠的影響，依託廈門和香港的兩大分支，逐漸形成聯通閩港、內外聯動的新格局。

第一節　永安奠基　誠毅前行

集友銀行的故事應該從1942年陳嘉庚號召親友匯款回國說起。1941年太平洋戰爭爆發，同年12月，日軍對馬來半島發起攻擊。1942年春，身在新加坡的陳嘉庚感到「此間戰事甚形危險」[①]，於是勸說陳六使、李光前等親友匯款回國，一方面是為了他們的財產安全，另一方面是考慮到這些資金可以幫助戰後祖國、家鄉各項事業的發展。為此，他致函陳六使，提出戰後用這些資金創辦銀行和實業、吸納南洋閩僑資金、幫助祖國發展實業的設想：「抗戰勝利後，再招多少，可在本省或即在厦門，開一福建興業銀行，然後由此銀行發起招股，創辦輪船公司、保險公司，或閩南鐵路、安溪鐵礦及石灰廠，與其他有關民生事業。不但幫助國家發展實業，而南洋閩僑，方有投資祖國之機會。」[②]

陳嘉庚的倡議得到了陳六使和李光前的積極響應。

陳六使（1897—1972），福建同安人。陳嘉庚族弟，陳嘉庚忠實的追隨者和襄助者。曾就讀於集美學校。少年時期前往新加坡，在同鄉前輩陳嘉庚的工廠工作，並受到陳嘉庚的栽培，後自創益和公司，大力發展樹膠生意，成為新馬樹膠界巨子。陳六使還先後創辦或合資經營多家銀行，歷任新加坡華僑銀行董事、香港集友銀行董事主席，與新加坡大華銀行創始人連瀛洲等共同創辦華聯銀行，成為東南亞著名華人企業家與銀行家。1950年，陳六使出任新加坡中華總商會會長及福建會館主席，在任期間，他為華人爭取公民權，鼓勵民眾參選參政，推動華人融入當地社會。1953年，創辦中國以外地區（海外）第一所華文大學——南洋大學，深受僑界尊敬。

① 陳嘉庚：《南僑回憶錄》，北京：中國華僑出版社，2014年，第351頁。
② 陳嘉庚：《南僑回憶錄》，北京：中國華僑出版社，2014年，第351頁。

李光前（1893—1967），福建南安人。陳嘉庚長婿，亦為陳嘉庚得力的助手和襄助者。當代東南亞地區傑出的華人企業家、教育家和慈善家。自 20 世紀 20 年代起，在新加坡、馬來西亞等地大力發展橡膠、菠蘿種植加工企業，並投資金融業，逐步形成實力雄厚的南益集團。曾任新加坡中華總商會會長、馬來亞中華商聯總會會長。1947 年領導新馬地區反「馬來亞新憲制」人民民主運動，成為新馬民族獨立運動的最早發起者。熱心祖國和僑居地文教、公益事業。捐巨資在故鄉建設「國專學村」，大力支持厦門大學、集美學校和華僑大學。捐巨資支持新加坡華僑中學、馬來亞大學、南洋大學以及倡建新加坡國家圖書館等。撥巨款設立李氏基金會，收益用於文化教育、衛生慈善事業。1962 年，任新加坡大學首任校長。為嘉獎他的貢獻，馬來西亞最高元首授予其丹斯里勛銜。

1920 年，李光前（前排左四）與陳嘉庚長女陳愛禮（前排左五）喜結良緣

在陳嘉庚的倡議下，最終，陳六使決定匯出700萬元，李光前匯出100萬元，陳嘉庚長子陳濟民和次子陳厥祥共匯出55萬元，共855萬元法幣。因為英殖民當局實行嚴格的外匯管制，該款以南僑總會的名義通過新加坡中國銀行匯給財政部轉交閩南救濟會陳村牧[①]、陳水萍[②]收。陳六使在匯款時說明，他的款項「集美學校如需用，可以支取」[③]。

這筆匯款確實解了集美學校的燃眉之急。全面抗戰爆發後，集美頻遭日軍轟炸，集美學校被迫內遷到安溪、大田和南安等地，在師資不足、經費短缺等諸多困難下堅持辦學。據當時主持校政的校董陳村牧回憶:「播遷時期學校所遇到的最嚴重的困難，就是經濟問題。尤其是自太平洋戰事發生、新加坡淪陷後，學校的經濟來源斷絕實在是一個致命的打擊。」[④]對於急需經費的集美學校來說，這筆匯款無疑是雪中送炭。匯款人陳六使、李光前、陳濟民、陳厥祥不僅是校主陳嘉庚的親友、子女，有的還是集美學校、厦門大學的校友。一時間，新加坡校友匯款給集美學校的消息通過校刊《集美周刊》傳遍全校，大大鼓舞了師生們。

如何使用這筆錢？經校董陳村牧和當時在永安的陳嘉庚的長子陳濟民、次子陳厥祥及部分校友商議，「為謀集美學校永久經濟基礎起見」[⑤]，決定以此款投資中國藥產提煉有限股份公司、創辦集美實業股份有限公司

① 陳村牧（1907—1996），福建金門人。陳嘉庚辦學的得力助手，著名教育家。畢業於集美中學和厦門大學，後返集美中學執教，1934年任校長，1936年1月接受陳嘉庚聘任，任集美學校董事長。1937年七七事變後，經陳嘉庚同意，他果斷把集美學校內遷安溪、大田、南安、同安等地堅持辦學。在集美學校執教長達60年，深受師生敬重和愛戴。

② 陳水萍（1888—1967），福建集美人。陳嘉庚辦學的重要助手。曾任職於陳嘉庚開設的謙益公司。1936年，受陳嘉庚之命，回鄉負責集美學校的財務管理。集美學校內遷時，他作為集美學校校務聯席會議成員，參與集美學校領導工作。

③ 陳嘉庚：《南僑回憶錄》，北京：中國華僑出版社，2014年，第355、356頁。

④ 陳村牧：《戰時集美學校的回顧——一九四五年三月十七日晚在厦門電台的廣播講話》，載《陳村牧執教集美學校六十周年》，任鏡波主編，香港：經濟導報社，1992年，第153頁。

⑤ 丁志隆：《集友銀行檔案選編》，福州：海風出版社，2008年，第366頁。

和集友銀行等。據在集友銀行服務多年的校友邱方坤回憶：「在永安的校友進行了商討，校友們一致認為要遵照陳老的意志：『經營生息補充學校經費。』」[①] 他們以行養校、以產養學 [②] 的思路與陳嘉庚不謀而合，更確切地說是受到了陳嘉庚的影響。陳嘉庚畢生以愛鄉報國、服務社會為職志，他在辦實業、興教育的過程中認識到「先有營業而後能服務社會」[③]，強調實業與教育「有連帶之關係」，「無實業則教育費從何來；無教育則實業人才從何出」[④]。抗戰中，集美學校損失慘重，陳嘉庚不僅盡力籌措維持辦學的經費，還為學校戰後復興作了長遠考慮。他在《南僑日報》上刊登《為復興集美學校募捐啟事》向海外「集美學生及閩南同鄉與集美學校有關者」「校友及同鄉好友之士」[⑤] 募捐，提出「可於厦門建業，以作基金，收息永供校費」[⑥] 等設想。至於他創辦的厦門大學，因已收歸國立，故而他認為「其前途當可由國家全力負責之……」[⑦]。1939 年，陳嘉庚在給陳村牧的信中說：「余為集校經費基礎計，思在近處有何事業可以經營，……時刻不敢去懷。」[⑧] 他與陳村牧商量，計劃在龍海縣石碼鎮一帶設立制磚瓦的工廠。由於太平洋戰爭爆發、新加坡淪陷，陳嘉庚來不及落實這些設想和計劃就被迫離開新加坡赴印度尼西亞，開始了三年多的避難生涯。不過，他提出的

---

① 丁志隆：《集友銀行檔案選編》，福州：海風出版社，2008 年，第 366 頁。

② 潘蔭庭：《以行養校、以產養學——抗戰期間僑匯與閩南教育的星星火種》，載《鷺風報》1576 期 05 版。

③ 陳嘉庚：《南僑回憶錄》，北京：中國華僑出版社，2014 年，第 2 頁。

④ 陳嘉庚：《1923 年 2 月 23 日致葉淵函》，載《陳嘉庚教育文集》，王增炳、陳毅明、林鶴齡編著，福州：福建教育出版社，1989 年，第 331 頁。

⑤ 陳嘉庚：《為復興集美學校募捐啟事》，載《陳嘉庚教育文集》，王增炳、陳毅明、林鶴齡編著，福州：福建教育出版社，1989 年，第 250 頁。

⑥ 陳嘉庚：《為復興集美學校募捐啟事》，載《陳嘉庚教育文集》，王增炳、陳毅明、林鶴齡編著，福州：福建教育出版社，1989 年，第 249 頁。

⑦ 陳嘉庚：《為復興集美學校募捐啟事》，載《陳嘉庚教育文集》，王增炳、陳毅明、林鶴齡編著，福州：福建教育出版社，1989 年，第 246 頁。

⑧ 陳嘉庚：《1939 年 8 月 15 日致陳村牧函》，載《陳村牧執教集美學校六十周年》，任鏡波主編，香港：經濟導報社，1992 年，第 198 頁。

「建業，以作基金，收息永供校費」以及創辦銀行的設想，都隨着集友銀行的誕生變成了現實。

其實，陳濟民、陳厥祥等人對是否要辦銀行曾有過分歧。因隨着投資藥廠及創辦集美實業公司的開展，原計劃投入集友銀行的資金實已不足。陳濟民認為，集美實業公司業務初創（時 1943 年），資金尚不充裕，「加以集校費用年須墊付七八十萬元，恐無餘力創辦集友銀行」。他指出，今後，福建省政府的金融統制政策將倍加嚴厲，「不論何銀行貸與商家借款，每戶不得超過五萬元，似此情況，則將來集友欲貸與集美較多借款似不可能」。陳厥祥則認為創辦銀行勢在必行，「凡欲辦大事業者，必須能自創辦銀行事業，對於營業上之經濟始能較周轉與穩固也」。[①] 在他的堅持以及陳

集友銀行成立時行址位於福建永安（北門浮橋碼頭附近，今江濱路、北門路、晏公北路一帶）

① 潘蔭庭：《以行養校、以產養學——抗戰期間僑匯與閩南教育的星星火種》，載《鷺風報》1576 期 05 版。

村牧的多方徵詢、多方奔走下，眾人決定從匯款中撥出200萬元發起成立銀行。發起人共十人，分別為：陳六使、李光前、陳濟民、陳厥祥、陳國慶（陳嘉庚五子）、侯西反、葉采真[①]、陳村牧、陳延庭、陳水萍，皆為陳嘉庚親友及厦大、集美兩校校友。銀行定名為集友銀行股份有限公司，簡稱集友銀行，行址設在永安公正路。當時，永安是戰時福建臨時省會，在1938年5月至1945年10月是福建政治、經濟、文化中心。

在陳村牧校董的推動下，集友銀行的籌備及開業進展迅速。據曾任集友銀行會計主任、僑匯科主任的周國英回憶:「創辦過程中的各項工作，諸如草擬章程、人員延聘、組織建設，以至業務規劃等，都是在陳村牧主持下進行的。」[②]1943年5月1日，集友銀行發起人會議在安溪集美學校董事會辦事處舉行，選舉陳嘉庚、葉道淵、陳村牧、陳六使、李光前、陳濟民、陳厥祥、陳博愛（陳嘉庚三子）、葉采真為董事，丘漢平、陳國慶、陳康民為監事。按照當時的規定，集友銀行的資本總額定為400萬元法幣，分為4000股，交足半數即可開業。6月26日，集友銀行資本的半數200萬元法幣交由中央銀行永安分行收存；9月1日，經財政部批准設立，獲頒營業執照。9月18日，集友銀行第一屆第一次董監聯席會議在永安舉行，會上確定了集友銀行總行開業時間，決議先在東興、柳州、泉州設立分支行處；決議聘任陳厥祥為總經理、賀秩為協理[③]、鄭嵩山為襄理[④]。10月1日，集友銀行總行如期在永安開業。銀行董事會推舉陳嘉庚擔任董事長，

---

① 葉采真（1889—1952），名淵，號采真，福建安溪人。著名的教育家，陳嘉庚辦學的得力助手。畢業於北京大學經濟系，1920年，受聘任集美學校校長，並曾擔任集美學校校董，主持集美學校長達14年，對集美學校的建設和發展作出了重大貢獻。1949年，受陳嘉庚之託籌設集友銀行上海分行。

② 周國英：《陳村牧與集友銀行》，載《陳村牧執教集美學校六十周年》，任鏡波主編，香港：經濟導報社，1992年，第30頁。

③ 舊時某些銀行、企業中職位次於副總經理的負責人。

④ 金融界或企業界中輔助經理辦事的人，職位次於協理。

陳濟民任代理董事長，陳厥祥為常務董事兼總經理，陳村牧和葉道淵為常務董事。集友銀行成立時是福建省除四大銀行（中央銀行、中國銀行、交通銀行、中國農民銀行）及福建省銀行外唯一的私立銀行。

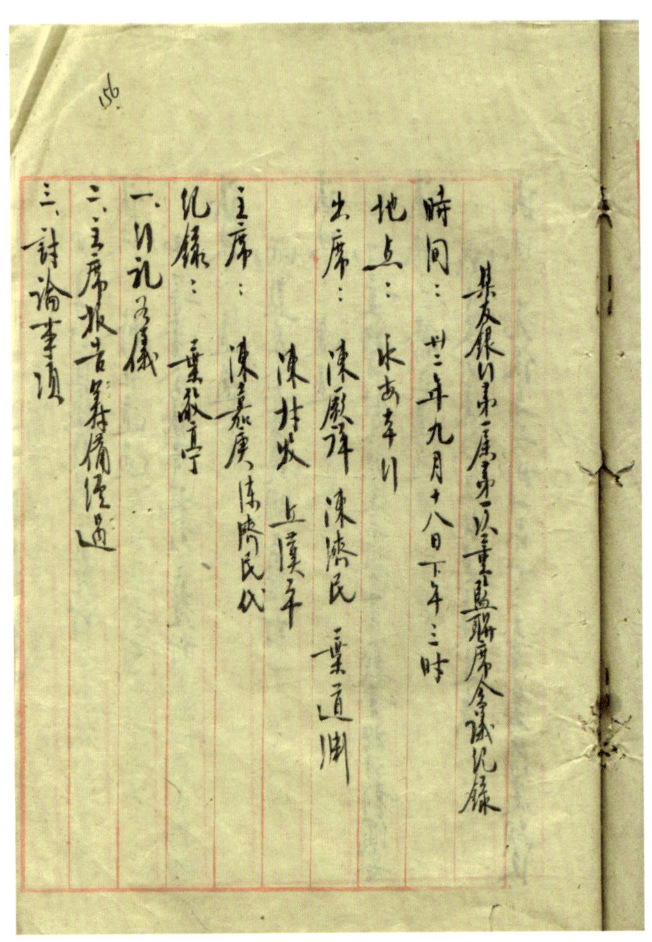

156

集友銀行第一屆第一次董監聯席會議紀錄

時間：卅二年九月十八日下午三時

地點：永安本行

出席：陳厥祥　陳濟民　葉道淵

陳村牧　丘漢平

主席：陳嘉庚　陳濟民代

紀錄：葉[illegible]

一、行禮如儀

二、主席報告籌備經過

三、討論事項

1943 年 9 月 18 日，集友銀行召開第一屆第一次董監聯席會議

1944 年 10 月 1 日，集友銀行成立周年，總行全體同仁合影紀念

集友銀行「為謀集美學校永久經濟基礎」而建，成立之初即確立「以行養校」、以經營輔助教育及社會事業的宗旨，其章程中明確規定:「本銀行每年所得淨利先提百分之十為法定公積金、百分之二十為集美學校經費，次付應繳之稅款再提股利年息一分二厘，其餘按左列成數分配：股東紅利百分之六十；董事監察人酬勞金百分之五；總經理協理及各職員酬勞金百分之二十五；獎學金及社會事業補助金百分之十。」[①]

在創辦過程中，發起人十分明確地以「嘉庚精神」為旗幟，借助陳嘉庚的影響力和號召力，集合愛國愛鄉、關心集美學校、有志於教育及社會事業的各方力量共謀發展，其中以陳嘉庚的追隨者、襄助者為主，包括其親友和厦大、集美兩校的校友以及海外福建鄉親等。集友銀行創辦之時，陳嘉庚遠在印度尼西亞避難，音訊斷絶，但發起人仍以陳嘉庚的名義申請註冊，以他為創辦人，由他擔任董事長，而董事會的其他成員皆為他的親友和集美、厦大兩校校友。

股東構成也是如此。集友銀行成立時股本總額 400 萬元法幣，收足一半開業。股東有陳嘉庚、陳六使、陳濟民、陳厥祥、陳博愛、李光前、陳村牧、葉道淵、葉采真、丘漢平、陳國慶、陳康民。除陳嘉庚外，新加坡匯款人陳六使、李光前、陳濟民、陳厥祥按出資比例獲得股份，其中陳六使、李光前占股最多；另外撥出部分紅股[②]給葉采真、葉道淵、丘漢平、陳村牧等知名校友，吸納他們進入董、監事會。1944 年 1 月，集友銀行為「增厚營運資金，擴大服務範圍」[③]而續招另一半股本時，除舊股東優先認購一部分外，其餘大部分出讓給集美、厦大兩校的校友以及歸僑。據周國英回憶:「為了延攬更多的厦大、集美校友入股，共同辦好銀行，成為名副

① 丁志隆：《集友銀行檔案選編》，福州：海風出版社，2008 年，第 16、17 頁。
② 紅股是股份公司向股東贈送的股票，是紅利分配的一種形式。
③ 丁志隆：《集友銀行檔案選編》，福州：海風出版社，2008 年，第 35 頁。

其實的『集友』銀行，陳村牧建議把未收的資本法幣二百萬，讓出部分數額給校友參加。」[①] 校友們積極響應，剩餘的一半股本於 1944 年 8 月收足。銀行的經營管理者也多以厦大、集美兩校校友為骨幹，如總行協理賀秩是厦大校友，也是銀行業知名人士，曾擔任集美商校教員、福建省銀行總行業務部經理；秘書邱方坤曾在集美小學、師範、商校任教多年。泉州、大田、柳州、東興、福州等分支行處的經理也分別由吳再鉢、葉貽彬、葉振漢、卓神榮、郭鴻忠（郭季芳）等校友擔任。

集美學校創辦以來，在陳嘉庚的規劃下，大力發展實業教育（職業教育），其中包括商科，成績斐然。厦門大學自初創之時起就設有商科。因此兩校為集友銀行的創辦、發展輸送了許多專業人才。而集友銀行在為兩校所培養的人才提供用武之地的同時，其盈利後又為兩校的發展提供資金支持。兩校與集友銀行的良性互動極好地詮釋了陳嘉庚關於實業與教育「有連帶之關係」「無實業則教育費從何來；無教育則實業人才從何出」等思想。

集友銀行的創辦與華僑關係密切，其啟動資金來自海外華僑，發起人、股東、董事、職員中有許多華僑。銀行發起人對此有着明確的認識：「發起人等皆屬厦門大學及集美學校之校友。此兩校散佈南洋各屬之同學不僅多擅專技，且有鄉親之誼，與當地僑胞關係特密，聯繫自易為力。」[②] 因而集友銀行自創立開始就重視溝通僑匯，服務僑眷；鼓勵華僑資金內移，扶助祖國復興事業。

集友銀行重視僑資僑匯，除了其本身與華僑關係密切，還因為僑資僑匯對中國抗戰乃至戰後復興至關重要，政府鼓勵僑資內移。抗戰全面爆發後，華僑的經濟支援尤其是資金支持，發揮了無可替代的作用。僑胞捐款

① 周國英：《陳村牧與集友銀行》，載《陳村牧執教集美學校六十周年》，任鏡波主編，香港：經濟導報社，1992 年，第 30 頁。
② 丁志隆：《集友銀行檔案選編》，福州：海風出版社，2008 年，第 46 頁。

捐物、認購公債大大補充了國內軍費、物資等方面的不足，更為重要的是僑資僑匯是政府財政經濟的重要支柱及外匯的主要來源，對於穩定國內金融、抵償外貿逆差關係甚大。國民政府極力爭取華僑的經濟援助，制定並公佈了《非常時期華僑投資國內經濟事業獎助辦法》，成立「回國僑民事業輔導委員會」，還派遣熟悉僑務的人員到海外募捐並聯絡陳嘉庚等海外各地華僑領袖及僑團組織，爭取他們的支持。福建省政府專門成立「僑資事業指導專門委員會」「僑務組織委員會」等組織，提出「建設閩西北計劃」，派員到南洋籌款，並拜會陳嘉庚等僑領。

陳嘉庚深感僑資僑匯對祖國抗戰以及戰後建設的重要性，帶頭並號召廣大僑胞捐款、購債、匯款、投資以支援祖國，還與侯西反、郭兆麟等人合資在重慶開辦中國藥產提煉有限股份公司，投資實業支持祖國抗戰。當時許多華僑響應祖國號召，投資建設抗戰大後方，其中包括投資金融業，1943 年在重慶出現了一波華僑投資設立銀行的熱潮。

1943 年，世界反法西斯戰爭發生重大轉折，隨後中國抗戰也拉開了大反攻的序幕，勝利的曙光已經顯現。集友銀行的發起人預見到戰後國家各項建設迫切需要華僑資金及金融業的支持，「抗戰之勝利在望，建國之規模漸成，而建設之實施方案亦正由政府籌劃之中，益知今後建設事業之發展誠無限量，而所需於僑資及金融事業之協助為尤切」①。他們在營業計劃書中將「創設集友銀行以確立華僑資金與祖國建設事業聯繫合作之初基，俾可陸續聯合僑商返國投資助長祖國復興事業」② 作為集友銀行的重要宗旨，並具體化為鼓勵僑資內移、便利僑胞匯兌、扶助工業發展、舉辦教育基金等方面。

而成立後的集友銀行除開展一般商業銀行的業務外，更是將辦理僑匯作為業務的重心，其章程中明確規定「本銀行暫設總行於福建永安，抗戰

① 丁志隆：《集友銀行檔案選編》，福州：海風出版社，2008 年，第 46 頁。
② 丁志隆：《集友銀行檔案選編》，福州：海風出版社，2008 年，第 46 頁。

勝利後移設厦門」[①]，很大一部分原因在於厦門是華僑出入國的重要口岸，也是僑匯集結的中心，更確切地說是閩南的僑匯中心。集友銀行籌劃開設的第一批分支行處也都選在東興、柳州、泉州等「僑匯出入的孔道」[②]。1943 年 11 月 1 日，集友銀行東興及柳州辦事處開業，此時距離總行開業僅僅 1 個月，足見集友銀行經營者們拓展業務的決心和毅力。憑借勇毅前行的精神和準確清晰的發展思路，從成立到 1944 年年初的幾個月中，集友銀行的各項業務，如溝通僑匯、辦理貸款、招收存款、票據貼現等方面順利推進、日漸發展。1944 年 1 月，財政部批准集友銀行設立東興及泉州兩辦事處，柳州辦事處則未獲批准，後即撤銷；1944 年 3 月 15 日，泉州辦事處開業，地址在泉州市區中山南路。

1944 年，集友銀行、集美實業公司以及中國藥產提煉有限股份公司向集美學校分別提供經費補助 645478 元、1279358.35 元、300000 元，三者合計約占當年校費總收入的三成。此後，集友銀行又陸續籌劃設立大田、福州等分支機構。1945 年 3 月，成立大田縣設通訊處，地址在東街口；同年 9 月，成立福州辦事處，地址在萬壽路 10 號。集友銀行發展初具規模。

抗戰勝利後，集友銀行總行按原定計劃於 1945 年 10 月由永安遷至厦門。當時，福建省政府、學校、文化機構、銀行、商家已陸續離開永安，省內各大城市經濟逐漸復甦，將總行遷至厦門有利於僑匯等業務的開展和銀行的發展。同年 12 月 1 日，總行在厦門海後路 27 號正式營業。為了便於開展業務，東興辦事處等機構分別遷往漳州、永春，之後經調整撤銷永春通訊處，最終總行下設泉州、福州、漳州三個分支行處。其中，福州分行由郭鴻忠擔任經理，他與陳嘉庚辦學的得力助手葉采真是至交，曾在集美學校服務 13 年。抗戰結束後，他擔任集友銀行福州支行經理，並發起組織集美學校福州校友會。

---

① 丁志隆：《集友銀行檔案選編》，福州：海風出版社，2008 年，第 8 頁。

② 丁志隆：《集友銀行檔案選編》，福州：海風出版社，2008 年，第 203 頁。

1946 年 5 月 20 日，集友銀行泉州分行全體同仁留影（陳亞彬供圖，該照片收錄於《集友銀行檔案選編》）

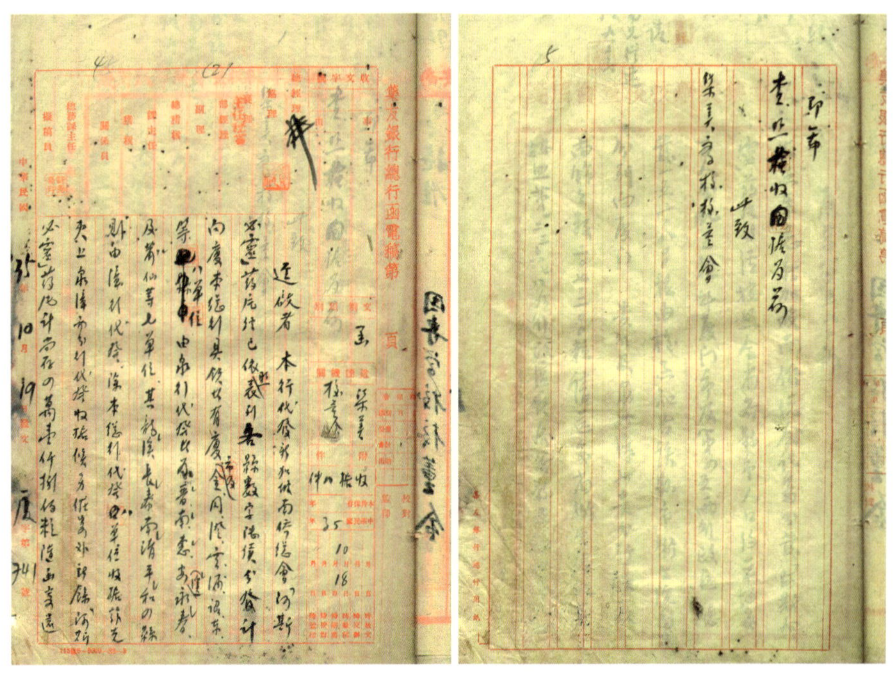

1946 年，集友銀行總行關於代發南僑總會「阿斯匹靈」藥片事宜致集美學校校董會函件

1947年海運逐漸恢復，市場日益繁榮，集友銀行原有資本因法幣不斷貶值已無法適應市場需求。股東們商議決定將銀行資本增至2億元法幣，分為20000股。除舊股東外，銀行撥出部分股份讓集美、厦大兩校的校友參加。莊怡生、劉梧桐、黃天爵、黃哲真、李克芽、張述、潘國渠、潘國均等知名校友，紛紛投資成為股東。這次增資擴股，陳六使、李光前分別出資7000萬、2000萬法幣，認股最多。同時，集友銀行的第一屆董、監事會任期屆滿。3月5日，集友銀行舉行股東常會進行改選，經過雙記名投票選舉，產生新一屆董事9人，分別為陳厥祥、陳六使、李光前、葉采真、陳村牧、劉梧桐、李克芽、陳濟民、陳康民；監察人3人，分別為鄭揆一、莊怡生、葉道淵。3月7日，舉行第二屆董監聯席會議，推舉陳六使為董事長，葉采真、陳村牧為常務董事，葉道淵為常駐監察人。在新舊股東的支持下，7月8日，增加的股資全數收齊，並向有關部門辦理了變更手續，更名為「集友商業銀行股份有限公司」。後經董事長陳六使「函陳董事厥祥請由常務董事村牧代行董事長職務」[①]，「集友銀行代理董事長一職，即由陳村牧擔任，一直到一九七二年併入中國人民銀行為止」[②]。

在陳村牧主持下，集友銀行與集美學校之間的關係更為緊密，集友銀行的「一些重要職員都延聘校友擔任。為了開拓業務，增聘老校友林承志為協理，並增設漳州支行，聘請陳及鋒校友擔任經理。其他如總行稽核遊學詩、黃壽海分別曾是商校的校長、教員，總行襄理陳福例、陳維羆，總行會計主任周國英，以至泉州支行襄理葉枝發，福州支行襄理員吳湘澤等等，也都是校友」[③]。任職期間，陳村牧從未領取集友銀行的任何報酬，深受各方信任和稱道。

---

① 丁志隆：《集友銀行檔案選編》，福州：海風出版社，2008年，第318頁。

② 周國英：《陳村牧與集友銀行》，載《陳村牧執教集美學校六十周年》，任鏡波主編，香港：經濟導報社，1992年，第31頁。

③ 周國英：《陳村牧與集友銀行》，載《陳村牧執教集美學校六十周年》，任鏡波主編，香港：經濟導報社，1992年，第31頁。

集美學校董事陳村牧（前排中）與集友銀行員工合影

正當集友銀行增資擴股、發展可望再上新台階之時，中國經濟尤其是國統區的經濟急劇惡化。內戰爆發以後，國民黨政府在軍事上節節敗退。為維持高額的戰爭開支，彌補自抗戰以來形成的巨額財政赤字，國民政府大量發行貨幣，引發了人類歷史上少見的惡性通貨膨脹。1947 年，集友銀行增資的一個重要原因就是法幣貶值導致資產縮水。1948 年，法幣貶值更加嚴重，為此國民黨政府實行幣制改革，限期收清法幣，改用金圓券。按照相關規定，集友銀行總行將資本調整為金圓 20 萬元。因為下設 3 個分支行處，每多一分行，資本遞加 2 萬元，因此資本總額調整為金圓 26 萬元。原有資本法幣 2 億元，僅折合金圓券 66 元 6 分，加上各項財產估值金圓券 26315 元外，還有資金缺口金圓券 233617.48 元，只能將繳交中央銀行的外幣資產變價抵充，並於是年 12 月 30 日完成調整。沒過多久，金圓券貶值速度超過法幣，1949 年，國民政府再度變更貨幣，廢止金圓券，推行銀圓券，但是根本無法遏制通貨膨脹的持續高企以及經濟的全面崩潰。在這種惡劣的經濟環境中，銀行業面臨生存危機，更遑論發展。1948 年 11 月底，受到貨幣貶值的影響，集友銀行效益不佳，被迫裁員，計職員 10 人、工友 2 人。裁員後，全行有職員 32 人、工友 15 人。1949 年 5 月，集友銀行的 3 個分支機構全部結束營業，總行保留少數人員，暫停營業。

第二節　香港創業　另闢蹊徑

「二戰」結束後，中國內地政局動蕩、金融崩壞，銀行業務難以開展，集友銀行舉步維艱。當時，與內地相比，香港經濟呈現上升之勢。由於周邊大多國家和地區，或陷入戰亂，或經濟恢復緩慢，使香港的轉口貿易沒有強大的競爭對手，從而獲得重建遠東地區轉口貿易港的機遇。同時，香港憑借當時的優越條件吸引了內地的大量資金、技術和勞動力涌入，為其經濟恢復注入了活力，到 1950 年，香港經濟已超越戰前，能為銀行的發展提供更為良好的環境。

1947 年，鑒於內地金融情況日益惡化，集友銀行的股東們決定集資到香港創業。此時，陳嘉庚正在新加坡旗幟鮮明地反對專制獨裁的國民黨政府，以及其罔顧民生、發動內戰的行徑。國民黨治下政治腐敗、貪污橫行、經濟雕敝的狀況，令他痛心不已。對於集友銀行到香港發展的決策，他是贊同的。曾擔任香港集友銀行董事長多年的陳光別如是回憶：「一九四七年陳厥祥先生秉承其父陳嘉庚老先生意旨來港辦集友銀行。」①

在陳嘉庚的支持下，集友銀行總經理陳厥祥攜眷赴香港籌備創辦銀行的具體事宜。1947 年 4 月 2 日，集友銀行香港通訊處先行成立。校友黃克立②經集美學校原校長葉采真推薦，並得到陳嘉庚的認可，前往香港集

① 陳光別：《四十年曆程回顧》，載《香港集友銀行創辦四十周年紀念特刊》，第 5 頁。

② 黃克立（1910—2004），福建厦門人，畢業於厦門大學經濟系，擔任過集美中學校長、厦門大學會計主任、同安縣縣長、台灣省台中市市長，以及泛印集團、澳門國際銀行副董事長，在集友銀行任職期間為推動僑匯業務作出了突出的成績。

友銀行任職，於 1947 年年底舉家由厦門遷居香港。他從辦事員做起，直到擔任董事副經理。在集美學校、厦門大學和集友銀行學習、服務的過程中，他深受陳嘉庚的影響。他曾說：「我在集美師範及厦門大學學習過，是陳嘉庚的學生。以後，我在集美中學、香港集友銀行服務過，還當過陳嘉庚的秘書兼國語翻譯，深受陳嘉庚精神的熏陶。陳嘉庚是我一生中最崇拜、最敬仰的人。」①

1947 年 4 月 8 日，集友銀行第二屆第二次董事會在厦門總行召開，討論創辦香港集友銀行②（簡稱「港行」）的相關事宜，決議：香港集友銀行資本暫定為港幣 25 萬元，先收 40%（港幣 10 萬元）開始營業，其中內地集友銀行「參加股份百分之七十，餘由香港集美公司謹參加之」③，並且「為兼顧當地環境及國內情形，該處應以獨立為宜」④。按照香港當地的公司法規，香港集友銀行「設董事十一人，總行推定陳六使、李光前、陳濟民、陳厥祥、陳村牧、葉道淵、莊怡生、劉梧桐八人，香港方面推定葉采真（代表香港集美公司）、張石泉、陳能方三人擔任之」⑤。

這次董事會作出了一個意義非凡的決定，即不在香港開設分行而是開設一家獨立的銀行。因此有一種說法是集友銀行「在香港另設總行，資金獨立，不屬厦門總行領導」⑥。這樣的決定，既可以避開當時內地不良經濟環境的影響，使集友銀行得到更好的發展，又依託厦門和香港的兩大分支，逐漸形成聯通國內市場和國際市場的新格局，對集友銀行未來的發展影響深遠。

不過，兩地集友銀行雖然不是總行與分行的關係，但聯繫十分密切。

① 景煌：《厦大克立樓奠基》，載《集美校友》2003 年第 3 期。
② 為區別當時在不同地點成立的「集友銀行」，特在行名前冠以地名做區分。
③ 丁志隆：《集友銀行檔案選編》，福州：海風出版社，2008 年，第 318 頁。
④ 丁志隆：《集友銀行檔案選編》，福州：海風出版社，2008 年，第 318 頁。
⑤ 丁志隆：《集友銀行檔案選編》，福州：海風出版社，2008 年，第 319 頁。
⑥ 丁志隆：《集友銀行檔案選編》，福州：海風出版社，2008 年，第 413、414 頁。

內地集友銀行為香港集友銀行的主要股東，以「友記」名義參股 70%，擁有絕對控股權。香港集友銀行的「全班人馬也均由厦門行調去，僅少數錄用當地人」[①]。

經陳厥祥等人努力推動，1947 年 4 月 24 日香港集友銀行有限公司獲批註冊成立，並在同年 7 月 15 日正式開業，行址設於香港中環中天行五樓 406 室（現在的歷山大廈舊址）。第一屆董事會成員包括陳六使、陳厥祥、葉采真、陳能方、李光前、劉梧桐、張石泉、陳村牧、陳濟民、葉道淵、莊怡生，並推選陳六使任董事長，陳厥祥、葉采真、陳能方任常務董事。董事會聘請陳厥祥擔任總經理，主持該行日常工作。至此，內地和香港集友銀行的董事長都由陳六使擔任，總經理都由陳厥祥擔任，主要的董事也基本相同。因而二者之間雖無隸屬關係，但在業務上密切相連。

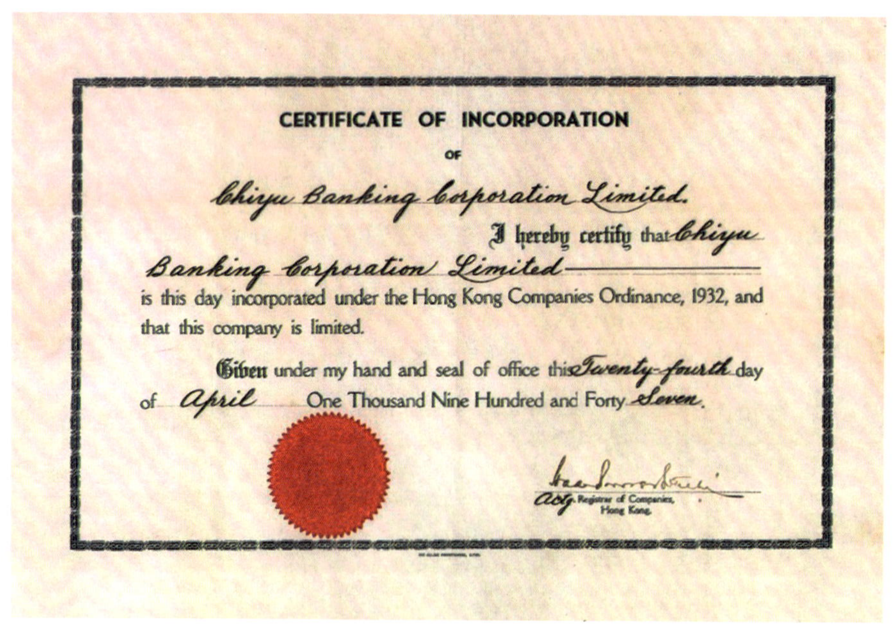
CERTIFICATE OF INCORPORATION

OF

Chiyu Banking Corporation Limited.

I hereby certify that Chiyu Banking Corporation Limited is this day incorporated under the Hong Kong Companies Ordinance, 1932, and that this company is limited.

Given under my hand and seal of office this Twenty-fourth day of April One Thousand Nine Hundred and Forty Seven.

Actg. Registrar of Companies, Hong Kong.

1947 年，集友銀行在港註冊成立

① 周國英：《創建集友銀行：陳村牧先生的卓識遠見》，載《集美校友》1996 年第 6 期。

成立初期的香港集友銀行印章

陳厥祥身兼兩行的經理，奔波於香港、厦門之間，為此還經歷了一次劫難。1947 年 12 月 17 日，陳厥祥與香港集友銀行業務部主任白圻甫乘坐「萬福士」輪從香港到厦門參加集友銀行厦門總行董事會，行至汕頭海面遭海盜團夥綁架。消息傳到新加坡後，陳嘉庚發電報到香港給李濟深和蔡廷鍇，請他們設法營救。李濟深和蔡廷鍇又轉託陳其尤。經過四個多月，陳厥祥等人才平安獲釋。值得一提的是，當時與陳厥祥一起被綁架的還有陳光別。經過此事，兩人相識相知。1950 年，經陳厥祥引薦，陳光別進入香港集友銀行董事會，此後更擔任董事長多年。

被匪綁架勒索巨款

陳厥祥及白圻甫已脫險不日返廈

僑領陳嘉庚先生次公子，集友銀行總經理陳厥祥暨該行營業主任白圻甫，於去年十二月十四日由香港乘荷輪萬福士返廈，在汕頭海峽被海盜騎劫，陳等六人當時被匪綁架而去。（詳情經誌本報）至今尚無確息：昨日據香港來客談稱：陳厥祥白圻甫二人，已於前日脫險抵達香港，不日即可返廈，據云：匪徒於刦持陳白等六人之後，聲言贖金須十萬美鈔，後經多方接洽，卒被勒取香港幣十五萬元，始得脫險云。

《江声报》中华民国37年4月14日

萬福士輪被綁搭客

白圻甫談脫險經過

被禁四個月時常換住處　匪徒怕追捕不敢露面孔

陳厥祥還在香港醫疥瘡

本市集友銀行經理陳厥祥，業務主任白圻甫等，去年於搭萬福士輪由港來廈途中，給海匪綁去，他們已前幾天從匪窟贖出到香港了。（據查贖價是港幣十五萬元）陳厥祥在匪窟中營養不良，皮膚生疥瘡，還在香港治療中，白圻甫則先返廈，據說他在匪窟中整整被關禁了四個月。匪徒怕露出眞面目，時常帶假面具，同時又怕官兵追捕，每隔了十天八天就換個地方監禁。他們於出匪窟時，是被蒙了眼睛的。云云，白氏出險後，他的親友均紛紛前往慰問。

《江声报》中华民国37年4月22日

1948 年，《江聲報》關於陳厥祥和白圻甫遭遇綁架及脫險的報道（白圻甫孫女白燕女士供圖）

其實，這兩家分處於香港和內地的集友銀行，不只是業務上關係密切，更重要的是它們因陳嘉庚及「嘉庚精神」而緊緊聯繫在一起。它們宗旨一致、志趣相投，追隨陳嘉庚，「以行養校、以行助鄉」，聯繫華僑、溝通僑匯，助力家鄉和祖國復興事業……兩行間的這種精神聯繫由香港集友銀行的行徽可窺見一斑。創辦之初，香港集友銀行採用陳嘉庚公司的「鐘標」作為行徽章。以「鐘標」為行徽，意味着香港集友銀行的創辦者們願意追隨陳嘉庚，恪盡國民天職。後期，香港集友銀行的行徽在「鐘標」的基礎上有所變化，將鐘形圖案中間的「中」字改為「集友」二字，以強調集友銀行的主要宗旨。陳嘉庚的侄孫、香港集友銀行原董事陳忠信說：集友銀行創辦時，陳嘉庚對「集友」有明確的定義，「『集』字代表家鄉集美，『友』字代表陳嘉庚先生的親朋好友及集美學校校友，陳嘉庚先生倡辦集友銀行，希望匯集自己的親朋好友和集美學校校友，共同發展壯大集友銀行，為興邦助學作出貢獻」[1]。香港集友銀行在此後的發展道路上一直以倡辦人陳嘉庚的精神為指路明燈，始終不忘「以行養校、以行助鄉」的初衷。

香港集友銀行行徽

隨着轉口貿易的發展以及大量資金由內地流入，1947 年前後，香港各類銀行如雨後春筍般涌現。由於港英政府對金融業採取不干預政策，導致銀行數量激增。銀行的無序發展及由此引發的惡性競爭，致使行業風險逐漸加大。在此背景下，1948 年 1 月 29 日，港英政府推出了第一部銀行法律《銀行業條例》，首次對「銀行業」進行界定，並實行銀行發牌和賬目審核制度，設立銀行業監管機構等。同年，港英政府首次向銀行發放牌照。香港集友銀行按照《銀行業條例》規定申請執照，成為第 39 家領有牌照的銀行。當時領有牌照的銀行多達 143 家。

1949 年 5 月，內地集友銀行被迫暫停營業。香港集友銀行則在競爭激烈的香港銀行界努力謀求發展。香港集友銀行的創立無疑為集友銀行的發展開闢了另一條出路，也為實現「以行養校」的初衷邁出了關鍵一步。

---

① 《集友銀行七十周年紀念特刊》，第 107 頁。

第二章　砥礪奮進　櫛風沐雨

1949 年 10 月 1 日，中華人民共和國成立，中國人民從此站起來了，中華民族走上了實現偉大復興的壯闊道路。中國共產黨將中心工作由革命戰爭轉向恢復和發展生產上。其中一項重要的措施就是整頓金融秩序，逐步建立新的貨幣制度和以中國人民銀行為中心的金融機構體系，從而為國民經濟恢復重建提供資金保障。集友銀行厦門總行應時而動，於 1949 年 10 月申請復業。

當時戰火雖然平息了，但是以美國為首的西方國家採取「不接觸、不通商」的遏制政策，孤立和封鎖新中國。而實行自由港政策的香港，於重重封鎖之中為新中國外交和經濟打開了一扇窗戶。香港集友銀行憑借地利之便，成為內地集友銀行對外交往的橋樑，積極聯絡海外股東、爭取資金支持厦門總行復業發展。1950 年，集友銀行厦門總行增設上海分行（集友銀行厦門總行簡稱「厦行」、上海分行簡稱「滬行」）。兩地集友銀行密切配合，共同支持陳嘉庚修繕和擴建集美學校和厦門大學，為祖國文教事業及經濟發展貢獻力量。

與此同時，我國進行社會主義改造，地方上香港經濟經歷轉型，內地和香港銀行業的發展均經歷了諸多曲折。1972 年，集友銀行厦門總行及上海分行先後收歸國有，融入國家銀行體系當中。香港集友銀行在面臨困難和挫折時選擇依靠祖國，於 1970 年加入中國銀行，保留集友銀行名稱，秉承創行初衷和使命，立足香港，繼續前行。

第一節　內地諸行　收歸國有

1949 年 10 月 1 日，中華人民共和國成立，中國金融業翻開了新的篇章。人民政府對官僚資本金融機構進行接管，並改造私營金融機構；同時建立國有銀行體系，以國家立法形式確立中國人民銀行作為中央銀行的地位，由其在全國建立統一的金融市場。1949 年 10 月 17 日，廈門解放，原國民黨政府時期的「四行、兩局、一庫」① 及省、市銀行被廈門軍事管制委員會接管。10 月 21 日，中國人民銀行廈門分行成立。10 月 24 日，中國銀行廈門分行重組開業，成為中國人民銀行廈門分行領導下的國家外匯專業銀行。新中國成立之初，為了促進國民經濟恢復，政府鼓勵私營銀行在遵守相關法令的前提下開展業務。1949 年 10 月，集友銀行廈門總行申請復業。按照《華東區私營銀錢業管理暫行辦法》規定，總行資本額定為舊人民幣 6000 萬元，分為 20000 股，每股 3000 元，並限 12 月底繳納完成。此前，集友銀行廈門總行歷次所增資本因貨幣貶值耗損殆盡，再加上股東分散在海內外各處，要恢復營業談何容易。當時西方國家已開始對中國實行外交孤立和經濟封鎖，海內外資金流通、人員來往都不便利，一時間難以召集股東商討增資復業的種種事宜。在這種情況下，香港集友銀行成為聯通內外的橋樑，對集友銀行廈門總行復業以及後來在上海開設分行起到了非常重要的作用。

---

① 指中國銀行、中央銀行、交通銀行、中國農民銀行，郵政儲金匯業局、中央信託局和中央合作金庫，是國民黨政府時期官僚資本直接控制下的七大金融機構，是其金融壟斷體系的核心。

集友銀行厦門總行復業所需的6000萬元人民幣，經過身兼厦、港兩行總經理的陳厥祥籌劃聯絡，設法徵得董事長陳六使、董事李光前等人的同意，由香港集友銀行先代各股東墊繳。集友銀行厦門總行的復業手續得以在規定期限內完成。1949年11月13日，經中國人民銀行厦門支行核准，集友銀行厦門總行復業。當時除總經理陳厥祥外，主要職員有協理賀秩及林承志、副理劉丕揚、主任秘書邱方坤、營業主任陳福例、會計主任陳維羆等。由於陳厥祥常駐香港，集友銀行厦門總行日常事務主要由協理林承志主持[①]。林承志曾先後就學於集美小學、集美師範，還獲得集美學校「成美儲金」資助到日本東京明治大學攻讀經濟學，學成後曾任集美學校教育推廣部視察一職。1948年，他經集美校董會董事長、集友銀行代理董事長陳村牧介紹進入集友銀行厦門總行任協理。陳厥祥赴香港後，集友銀行厦門總行的具體事務便一直由他負責。在他主持下，集友銀行厦門總行獲准為辦理外匯指定銀行，着重辦理僑匯業務。他充分發揮熟悉經濟工作以及海內外聯繫面廣的優勢，不少華僑華人信任他，在國內投資、興辦公益事業的資金都請他經手。他深得陳嘉庚倚重，20世紀50—60年代，陳嘉庚在厦門的全部流動資金全權委託他管理。據時任陳嘉庚秘書的張其華回憶，陳嘉庚每次從集美至厦門通常都會到集友銀行厦門總行，赴北京時也經常寫信給集友銀行厦門總行交代經費安排、銀行長短期存款等待辦事項。

20世紀50—60年代，陳嘉庚主持修復、擴建集美學校和厦門大學，從海外募集了大筆資金。這麼做不僅是為了支持兩校建設，也是為了給國家爭取外匯。陳嘉庚交代林承志將這些僑匯以人民幣形式存入集友銀行厦門總行。據林承志回憶:「不少校友從關心集美、厦大出發，怕人民幣貶

① 另一位協理賀秩及主任秘書邱方坤於1950年前往上海籌備開設分行。

值，影響修建校舍的經費，勸陳嘉庚把存款改為『保本保值存款』或『外幣存款』。陳嘉庚不但嚴加拒絶，而且調進更多外匯。新中國成立初期十年間，由我經辦以人民幣形式存入集友銀行廈門總行，並經常保持餘額約有人民幣二三百萬元。果然，經過人民政府採取有效措施，迅速恢復工農業生產，增加財政收入，並厲行節約、杜絶浪費以後，不到三年，我國財政經濟就實現了根本好轉，幣值提高，物價穩定，許多人都十分欽佩陳嘉庚眼光遠大，料事如神。有一位歸僑曾經向陳嘉庚請教，有何寶貴經驗，他說:『有兩條，一要有祖國做靠山，二要有經濟眼光，還要有政治眼光。』」[①] 在陳嘉庚的影響和支持下，集友銀行廈門總行努力經營僑匯、外匯業務，頗有成效。

1950 年前後，政府遏制通貨膨脹、鼓勵私營工商業發展的措施收到了一定效果，物價開始穩定，市場也日漸活躍起來。總經理陳厥祥等人認為這是擴展業務的好時機，經與董事長陳六使、董事李光前等人商議後，決定申請設立上海分行。陳嘉庚大力支持籌建上海分行的決策，委託集美學校校友、集友銀行廈門總行主任秘書邱方坤前往上海負責籌備工作。據邱方坤回憶:「陳老對辦好和發展集友銀行寄予極大期望。1950 年要我籌建集友銀行上海分行，並出任上海分行副經理。」[②] 在集友銀行廈門總行任協理的賀秩也前往上海支援籌辦工作。同年 9 月 27 日，集友銀行廈門總行獲中國人民銀行廈門支行批准增設上海分行，資本額核定為舊人民幣 5 億元。總經理陳厥祥徵得董事長陳六使、董事李光前等人的同意，由香港集友銀行代各股東墊繳股款。同年 11 月 20 日，集友銀行上海分行開業，行址設在上海延安東路 21 號，經營外匯業務、進出口貿易結匯及私營企業存放款

① 林承志:《一片丹心照汗青》，載《集美校友》1984 年第 5 期。
② 徐雲齋:《陳嘉庚先生創建集友銀行二三事——集美學校老校友邱方坤先生的憶述》，載《集美文史資料》(合訂本)，廈門市集美區委員會文史資料委會編，2021 年，第 86 頁。

業務。香港集友銀行常務董事葉采真受陳嘉庚的指派從香港赴滬參與籌備工作，並擔任上海分行經理。可見當時香港和內地集友銀行互相扶持，共同襄助陳嘉庚的事業。1952 年，葉采真病逝，邱方坤接任上海分行經理。

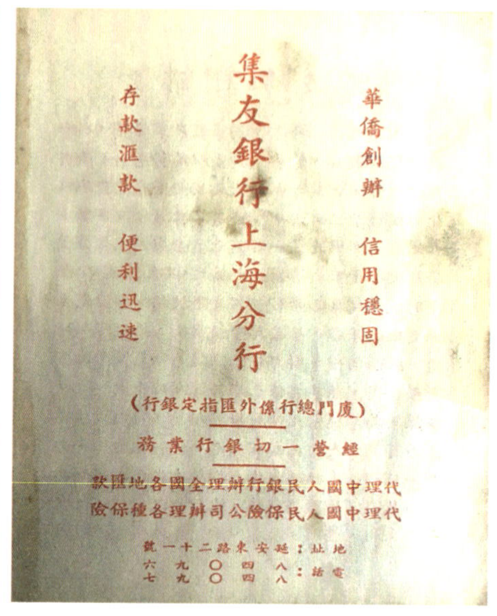

1950 年，集友銀行上海分行開業贈品（記事簿）

為了支持上海分行，陳嘉庚將其從海外爭取來的資金撥出一部分存入上海分行。國家對集友銀行十分照顧，因為集友銀行也不單單是一家僑資銀行，更是陳嘉庚及其襄助者為支持集美學校、扶助教育事業而創辦的。1951 年 5 月，集友銀行廈門總行獲准代理中國人民銀行各項儲蓄存款。1952 年獲准代理中國銀行華僑儲蓄存款業務。至 1953 年，上海分行的業務有了較大的發展。1954 年 6 月 28 日，集友銀行廈門總行董事會的報告中寫道：「在國營（有）經濟領導與全體職工努力經營，業務進展，數年來略有盈餘，而一九五三年獲利較多，計二十一億餘元。」① 時任上海分行總

① 丁志隆：《集友銀行檔案選編》，福州：海風出版社，2008 年，第 401 頁。

經理邱方坤後來回憶：「上海集友銀行在中國銀行領導和照顧下，並得到陳老的支持和香港集友銀行的密切配合，於一九五三年下半年大力開展外匯業務，收益增加。」[①]

1953年，國家開始對私營工商業進行社會主義改造，通過公私合營逐步轉變其性質，最終建立起社會主義公有制。到1956年，私營工商業社會主義改造基本完成。在這種時代氛圍中，集友銀行廈門總行董事會向各股東發出將股份捐獻給集美學校的號召，得到了主要股東的熱烈響應，並於1953年基本完成捐贈[②]，集友銀行的公益色彩以及「以行養校、以行助鄉」的宗旨得以強化。1954年6月28日，銀行董事會在給廈門市財政經濟委員會的報告中對此作了說明：「設立本行目的，在補助集美學校經費之不足，故本行每年盈利，除章程中規定提百分之二十補助集美學校經費外，各股東歷年分配所得之股息紅利亦均捐贈集美學校。自一九五三年起，各股東並將股本股權全部贈獻集美學校。現在本行實集美學校之附屬企業也。」[③]林承志回憶：「由於集友銀行的創辦旨在支持集美學校，扶助教育事業，股東只有出資增資的義務，從未在應得的股息紅利中提取分文，故其性質絕非一般私人企業所可比擬，正因為此，所以受到了政府的特別照顧，周總理還親自過問其事。也正因為此，集友銀行廈門總行僅有十多人（絕大部分是集美校友），卻擔負着數十人辦理的業務量，如非大家通力合作，團結一致，不分彼此，當仁不讓，大大提高了工作效率，那是不可能設想的。……校主對於集友銀行的存在、發展及其所起的作用是滿意

① 邱方坤：《陳嘉庚解放後籌劃辦學經費紀實》，載《回憶陳嘉庚——紀念陳嘉庚先生誕辰一百一十周年》，全國政協文史資料研究委員會、中華全國歸國華僑聯合會、福建省政協合編，北京：文史資料出版社，1984年，第263頁。

② 《集友銀行董事會關於集友銀行盈利作為集美學校補助費給廈門市財委的報告（1954年6月28日）》，載《集友銀行檔案選編》，丁志隆主編，福州：海風出版社，2008年，第399 ~ 403頁。

③ 丁志隆：《集友銀行檔案選編》，福州：海風出版社，2008年，第400頁。

的。他老人家曾經對股東們說過：『要靠集友銀行發財，那是不可能的，但可作為集美學校的聯絡處，為集美學校服務耳。』這就說明了集友銀行存在的意義，決非股東個人想賺錢，因此，全行同仁們對此咸引為榮。」[①]

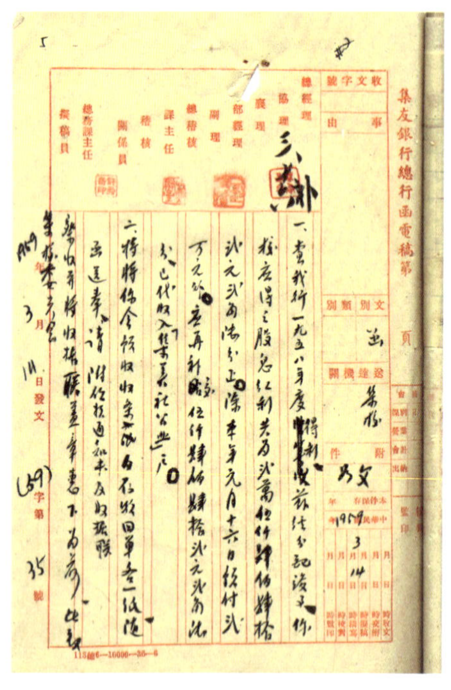
集友銀行總行函電稿第　頁

1959 年，集友銀行廈門總行函告集美學校 1958 年度股息領取事項

陳嘉庚積極響應國家政策，認為銀行是國民經濟的主要部門，廈、滬兩間集友銀行應由國家經營。據他的秘書張其華回憶：「他擁護過渡時期總路線，擁護私營工商業的社會主義改造。1953 年 10 月，時任華東行政委員會副主席的他，以親身經歷在華東行政委員會擴大會議上，大談工商業改造對國對己的好處，批評那些『寧做小國之君，不做大國之臣』的人是鼠目寸光。當資本主義工商業改造已逐步展開，一批批私營企業已走上公私合營軌道或一步登天成為國營（有）企業時，所有權屬集美學校的廈

① 林承志：《集友銀行創辦經過》，載《集美校友》1985 年第 1 期。

門、上海集友銀行以及華僑辦的集美至同安段的同美汽車公司，由於所有權和資金所限，業務出現萎縮和虧損。嘉庚先生遂於 1954 年 12 月 13 日和 1955 年 2 月 6 日致函周總理，請求將這兩間集友銀行交由國家管理；請求政府接管同美汽車公司，企業尚餘資產由國家收購。」[①] 周總理於 1955 年 3 月 26 日覆函陳嘉庚並指示中國人民銀行：厦門、上海集友銀行事，仍繼續經營，業務上由國家銀行幫助，多分配一部分僑匯與放貸業務，保證集友銀行有利可圖，不使虧損，多餘人員可安置在國家銀行。

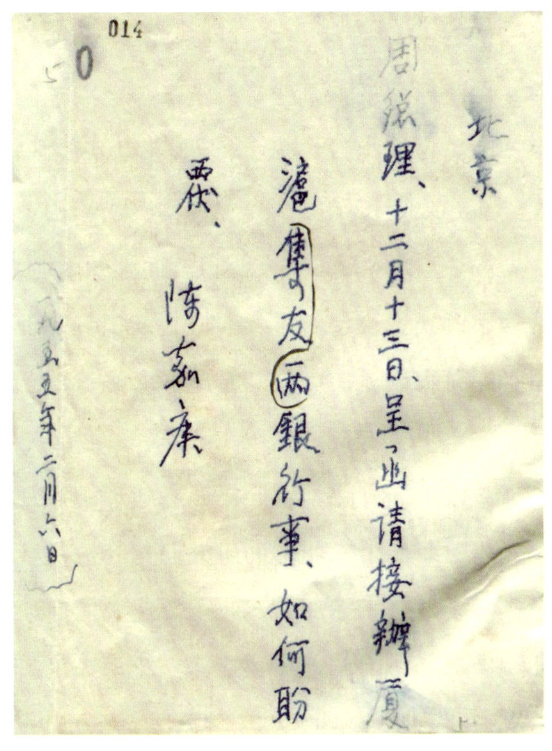
014
北京
周總理、十二月十三日呈函請接辦廈
滬集友兩銀行事、如何盼
覆、
陳嘉庚
一九五五年二月六日

1955 年 2 月 6 日，陳嘉庚致函周恩來總理底稿

中國人民銀行接到周總理的指示，非常重視，馬上採取了有力的措施。派員對集友銀行的經營狀況進行調查，經與陳嘉庚、陳村牧、林承

① 張其華：《陳嘉庚擁護共產黨》，載《集美校友》2011 年第 3 期。

志、邱方坤等人商討，最終制定出切實可行的辦法。時任厦門市人民銀行行長張可同是此事的主要參與者，多年後仍清晰地記得事情的始末：「厦門的金融行業，除國民黨時期的中（央）中（國）交（通）農（業）四大銀行、一庫（中央合作金庫厦門支庫）等被我政府接管外，其他的福建省（市）地方銀行和 15 家商業銀行等都被改造，直至辦理結束，僅保留集友銀行，華僑銀行亦獲准在上海設立分行。由此可見，中央高瞻遠矚，對僑資銀行多麼重視，給予特殊照顧。然而國際反華勢力對我國實施遏制政策，採取封鎖、禁運、限制等惡劣手段，妄圖扼殺新中國政權於搖籃之中。我則針鋒相對，採取以牙還牙，實行反封鎖、反禁運、反遏制等一系列措施予以反擊，在此形勢下，金融等行業不免遇到了困難，集友銀行處在僑匯大都中斷、業務量鋭減、營業收入下降的嚴重局面，影響到集美學校、厦門大學部分經費正常支出。主持集美學校校董會工作的陳村牧及時向校主（嘉庚先生）匯報了集友銀行所面臨的困境，嘉庚先生對此十分關注。於是，嘉庚先生決定由村牧通過集友銀行協理林承志約我去集美陳嘉庚的住所探討解決辦法。陳老希望國家銀行給予關照，當時在場的是嘉庚先生和村牧、承志和我四人，交談磋商結果，我根據國家規定的有關政策和集友銀行的實際情況給予該行代理國家銀行儲蓄業務，力爭海外僑匯，內部撙節支出，並幫助研究開拓其他領域業務，改善經營管理，提高服務質量，努力增加營業收入。這次面商取得圓滿結果。」[①] 上海方面，人民銀行除增加儲蓄代辦費，還將上海人民銀行邑廟區人民路儲蓄所劃歸集友銀行代理 [②]。同時，厦、滬兩行大力加強與香港集友銀行的聯繫，與之密切配合，努力爭取僑匯及出入口結匯業

① 張可同：《嘉庚先生的得力助手 集美學校的有功之臣——陳村牧》，載《集美校友》1996 年第 6 期。

② 王季深：《陳嘉庚與集友銀行》，載《舊時經濟摭拾》，全國政協文史資料委員會編，北京：中國文史出版社，2005 年。

務。從此，集友銀行經營方向更加明確，基礎更加牢固，業務穩步前進，年年均有收益。

1960 年 4 月，集友銀行廈、滬、港三行業務座談會參會人員合影留念

1961 年，陳嘉庚在北京逝世。臨終前，他仍然牽掛着集美學校，在遺囑中強調學校一定要辦下去。陳嘉庚去世不久，「大躍進」和「文化大革命」的衝擊接踵而至。在「文革」時期，內地銀行業遭受重創，商業性金融機構被撤銷，銀行職能被削弱，業務活動無法正常開展。1972 年，集友銀行廈門總行、上海分行等內地各行相繼由中國人民銀行接管，改為國有。集友銀行廈門總行的「財產器具、債權債務經全面清理、造冊後，全部移交廈門市人民銀行。原集美校董會的股權，也同時辦理移轉手續」①。集友銀行廈門總行主要經營僑匯及入口結匯業務，因此其業務由

① 丁志隆：《集友銀行檔案選編》，福州：海風出版社，2008 年，第 299 頁。

專營外匯業務的中國銀行接手，「轉入厦門中國銀行繼續辦理。同香港和國外的業務關係，由厦門中國銀行接續」[①]。自此，內地諸行融入國家銀行體系當中。

1963 年 10 月 1 日，集友銀行總行慶祝成立二十周年紀念

1978 年，黨的十一屆三中全會後，黨中央作出把工作重心轉移到社會主義現代化建設上來，實行改革開放的歷史性決策。隨着金融體制改革有計劃、有步驟地展開，銀行業恢復了生機，向專業化轉型，相繼恢復、成立了農業銀行、建設銀行、工商銀行和中國銀行等四大銀行。1984 年，中國人民銀行開始專門行使中央銀行職能，其工商信貸和儲蓄業務被分離出來，由新設立的中國工商銀行承接。在中國銀行業撥亂反正的大潮中，集友銀行厦門總行位於海後路 27 號的舊址，改成了中國工商銀行厦門分行集友儲蓄所。

① 丁志隆：《集友銀行檔案選編》，福州：海風出版社，2008 年，第 299、300 頁。

20 世紀五六十年代，集友銀行廈門總行位於廈門輪渡海後路的舊址（照片原件現由陳為民珍藏）

第二節　香港集友　風雨兼程

1949 年 5 月，陳嘉庚受毛澤東的邀請，以華僑首席代表的身份赴北京參加第一屆中國人民政治協商會議及開國大典。途經香港時，陳嘉庚在次子陳厥祥家中舉行記者招待會，並受邀出席當地華僑華人組織的集會，所到之處人們無不歡欣鼓舞。在北京，他在政協會議預備會上發言說:「海外華僑希望看到的強大、民主政府就要在中國出現了。海外華僑聽到中國革命成功的消息，無不喜出望外。」[①] 這番發言道出了海外僑胞的心聲。新中國成立後，陳厥祥和香港集友銀行的同人們懷着同樣欣喜的心情升起了五星紅旗。

1950 年 2 月，陳嘉庚從北京返回新加坡的途中在香港停留了 4 天。陳厥祥告訴他，香港集友銀行計劃增加資本。陳厥祥後來在《集美志》中記載，當時「以增資之事奉告，先父頗為贊同」[②]。1950 年，陳厥祥請常務董事葉采真赴新加坡招股。在陳嘉庚的促成下，董事長陳六使出資 40 萬港元，董事李光前出資 30 萬港元，並指明捐獻給集美學校，以私立集美學校基金的名義入股香港集友銀行。1951 年，李光前再出資 100 萬港元，

① 陳國慶：《回憶我的父親陳嘉庚》，北京：中央文獻出版社，2001 年，第 95 頁。

② 陳厥祥：《集美志》，香港：僑光印務有限公司，1963 年，第 162 頁。

捐獻給集美學校，以集美基金的名義入股。這次捐贈，李光前的得力助手李引桐出力不少。陳厥祥在給父親的信中寫道:「福建私立集美學校基金於一九五〇年四月一日為本港行股東，集美基金於一九五一年三月二十日為本港行股東，此二個基金是由兒為負責人。」[①] 至此，除了這些義捐款，還有一些私募款，再加上原有股本，香港集友銀行的資本增至 200 萬港元，其中捐給集美學校的共有 170 萬港元。

1950 年，陳嘉庚（右）與次子陳厥祥在香港合影

1950 年，陳嘉庚途經香港，考察香港集友銀行並發表演說

① 《陳厥祥一九五九年十二月四日致陳嘉庚函》，現藏於福建厦門私立集美學校委員會檔案館。

香港集友銀行增資時，正逢香港經濟轉型。「二戰」結束後，得益於從中國內地和東南亞等地流入的資金以及安定的社會環境、優越的地理位置等因素，香港的轉口貿易和金融業快速復甦。20 世紀 50 年代，社會主義、資本主義兩個世界、兩大陣營的對峙、爭鬥愈演愈烈，實行自由港政策的香港也受到了波及。彼時，新中國成立不久，以美國為首的西方國家對中國實行經濟封鎖；朝鮮戰爭爆發，美國又聯合 40 多個國家對中國實行全面禁運，導致香港轉口貿易大幅下降，這對其經濟發展造成了極大的打擊。此時，正值西方工業化國家勞動密集型產業向東亞、東南亞等地轉移。香港抓住機遇，利用從內地流入的人才和技術，大力發展紡織、服裝、電子和玩具等輕工業，經濟結構由以轉口貿易為主向以輕工業為主轉變。輕工業、房地產業相繼發展起來，為金融業尤其是銀行業提供了新的業務。

資本增加了，又趕上新的發展時機，20 世紀 50 年代初，香港集友銀行的業務開始有了較大的發展。1950 年 4 月，為了方便對外服務，香港集友銀行遷至中環雪廠街 10 號舊顯利大廈地下營業。1952 年，香港集友銀行獲准為香港外匯銀行公會會員以及香港銀行票據交換所會員行，是當時 22 家直接交換行之一。業務雖頗有進展，但面臨的困難和波折也不少。當時，由於懸掛五星紅旗以及集美學校的兩個股東基金戶，港英政府及一些西方國家懷疑香港集友銀行與新中國有特殊的政治關係。香港集友銀行多次向港英當局申請為外匯指定銀行均未能獲得批准。陳厥祥在致父親的信中寫道:「九年來，每年向當地政府申請為外匯指定銀行均未能得其批准，因為政府方面對本港行股東基金戶甚懷疑，其原因有二點，第一是咱福建私立集美學校基金，第二是咱懸掛五星國旗，當地政府認為本港行與祖國有特別政治機構關係。」[①] 此外，銀行存在美國紐約上海商業銀行中的一筆

① 《陳厥祥一九五九年十二月四日致陳嘉庚函》，現藏於福建廈門私立集美學校委員會檔案館。

資金被美國政府凍結。陳厥祥在信中告訴父親陳嘉庚:「本港行於一九四九年中經常由呂宋客戶委託本港行轉美國紐約上海商業銀行轉交滬之上海商業銀行僑匯款項，及至一九五〇年十二月間，當時本港行有餘存賬尾款項約二萬美元在紐約的上海商業銀行，美國政府獲悉此項消息後，立即下令將本港行所存約二萬美元凍結，此事發生後經用種種方法向其交涉無效……」[1] 由此可見，在當時的大環境下，香港集友銀行雖處於香港這樣的自由港，也無法避免受到冷戰的影響。

冷戰陰霾籠罩世界，新中國面臨西方資本主義陣營的政治孤立和經濟封鎖。為突破封鎖，中央將目光轉向奉行自由貿易政策的香港，並賦予其特殊的戰略定位。當時負責對外貿易和港澳工作的潘漢年、廖承志向中央建議暫緩收復香港，認為保持現狀既有利於香港的發展，又為新中國同世界交往保留了一條通道。毛澤東也認為香港原有地位，有利於新中國發展海外關係和進出口貿易。為此，中央作出了暫不收回香港、「長期打算，充分利用」的決策。這一決策使香港成為新中國轉口貿易的重要通道，對雙方經濟的發展都產生了深遠的影響。

香港集友銀行憑借地利之便，本着一貫的愛國立場，通過扶持集友銀行厦門總行及其上海分行，協助陳嘉庚修復、擴建厦門大學和集美學校，支持新中國建設，為祖國經濟、文教事業貢獻力量。20 世紀 50 年代，儘管香港集友銀行的業務仍處於起步階段，總經理陳厥祥及董事會仍然竭盡全力推動集友銀行厦門總行復業及增設上海分行，不僅籌劃聯絡而且在資金上、業務上提供幫助。在港行的支持下，厦、滬兩行的僑匯業務和出口結匯業務頗有起色。厦行在 1959 年度業務總結中寫道:「十一月港行設立北角支行，擴大了收匯面，今年僑匯增長情況如以第二季度為 100%，則

① 《陳厥祥一九五九年十二月四日致陳嘉庚函》，現藏於福建厦門私立集美學校委員會檔案館。

第三季度為96.3%；第四季度為169.57%。……由我行加強聯繫爭取記收、加強服務工作及港行努力爭取，今年出口結匯敘做數為本行辦理出口業務以來最多的一年。」①

香港集友銀行不僅與內地諸行在業務上互相扶持，而且密切配合，共同協助陳嘉庚支持祖國教育事業。1952年8月1日，《集友銀行股東會報告書》中寫明香港集友銀行「逐月盈餘盡先撥助私立集美學校經費，為國家培植建設人才，本行始終為教育而經營」②。香港集友銀行初創時股本為10萬元港幣，經過兩次增資，到1951年股本達到200萬元港幣，其中170萬元港幣為李光前、陳六使捐給集美學校的義捐款。至此，集美學校持有的股份約占香港集友銀行股份的85%。據張其華回憶，集美學校所持有的香港集友銀行股份的股息，早期股本少時是每年8萬元港幣，1951年股本增加後為12萬元港幣。據陳嘉庚計算，李光前、陳六使捐給集美學校的170萬元港幣，每月至少得利1萬元港幣，每年就是12萬元港幣。陳嘉庚在1955年2月的遺囑第五條中寫道：「香港集友銀行股本200萬元，其中義捐股本170萬元，指明為集美學校基金，每月至少得利6厘，即為港幣1萬。」③1963年7月22日，時任香港集友銀行總經理陳厥祥為此專作說明：「香港集友銀行除辦理一般銀行業務外，看重聯絡僑胞溝通僑匯，引導僑資。其義股部分，股息盈餘全數補助福建私立集美學校，忠實執行校主遺囑。」「未增資前義股壹佰柒拾萬元，遵照校主遺囑，每月應付股息港幣壹萬元，逐期撥付私立集美學校，今後當繼續執行，若年底結算後該壹佰柒拾萬元應派之股息及紅利超過此數，應照補。」④

① 丁志隆：《集友銀行檔案選編》，福州：海風出版社，2008年，第427、428頁。
② 丁志隆：《集友銀行檔案選編》，福州：海風出版社，2008年，第367頁。
③ 《1955年2月陳嘉庚遺囑》，現藏於福建廈門私立集美學校委員會檔案館。
④ 《張其華先生訪談錄》（2013年8月26日），現藏於福建廈門私立集美學校委員會檔案館。

陳嘉庚在世時，這些股息由他自己經辦，據張其華回憶:「多用於購買集美學校擴建所需的建築材料，一分錢都沒有浪費。陳嘉庚先生自己有一本賬，集美學校建築部需要多少材料，他自己就直接寫信到香港。當時香港集友銀行下屬有個集興公司，集興公司的經理是集美人陳德豐。陳嘉庚寫信給香港，由香港方面的集興公司辦理。」[①]1961 年陳嘉庚去世後，集美學校所需建築材料則直接由集美校委會建築部發函到香港聯繫。香港集友銀行對集美學校建設的貢獻不僅在資金方面，更重要的是幫助學校採購當時稀缺的建築材料和物資。張其華回憶:「當時買這些材料不容易，進口的材料控制很嚴，需要得到外貿部批准。學校每批材料進來，都要打報告到中央，得到外貿部的批准才能進口。海關屬於外貿部。進口材料，廈門海關不敢批准，都需要外貿部的批文，廈門海關才敢放行。有時候是香港交錢，廣東發貨，比如當時廣東的『五羊牌』水泥，這種水泥我們當時在內地買不到，因為這種水泥有出口的任務，所以我們只好到香港去買，變成香港交錢，廣東拿貨。」[②]

20 世紀 50 年代中期以後，由於香港工業發展加速推進，帶動經濟高速發展，人均收入大幅提高等，銀行存款數激增。大小銀行紛紛開設分行。香港集友銀行連續開設了多家分行，還購置了幾處物業，經營漸有起色。在此期間，遵照陳嘉庚的囑咐，陳厥祥的長子陳克承入職香港集友銀行。陳厥祥在《集美志》中寫道:「先父着克承回香港切實在集友銀行任職，為社會服務。」[③] 隨着香港集友銀行業務水平不斷提升，經過陳厥祥和陳克承等管理層的多方努力，1959 年 8 月，集友銀行獲准為外匯授權銀行。隨即，銀行在英國倫敦匯豐銀行開立外幣存款戶，開始直接經營外匯進出口業務，並建立海外代理關係。同年 11 月，銀行購置行址，在香港開設第一家支行——

①《張其華先生訪談錄》（2013 年 8 月 26 日），現藏於福建廈門私立集美學校委員會檔案館。
②《張其華先生訪談錄》（2013 年 8 月 26 日），現藏於福建廈門私立集美學校委員會檔案館。
③ 陳厥祥：《集美志》，香港：僑光印務有限公司，1963 年，第 162 頁。

北角支行。1960 年，又在九龍漆咸道 240–242 號地下購置行址，開設第二家支行——紅磡支行。開設兩家分行後，香港集友銀行的服務範圍進一步擴大，在香港銀行界聲譽日隆。因此，1962 年香港銀行票據交換所為提高工作效率，將直接交換行由原來的 25 家減至 16 家時，香港集友銀行仍能在其中保有一個席位。從 1951 年到 1963 年，香港集友銀行的股本翻了一番多，從 200 萬港元升值為 450 萬港元，又招 50 萬港元，達到 500 萬港元。1962 年，香港集友銀行購入德輔道中 76–80 號物業三幢，成立誠信置業有限公司，籌建總行大廈。至此，香港集友銀行已初具規模。總經理陳厥祥在 1963 年編撰出版的《集美志》中回顧該行十六載風雨歷程時說：「自開幕至現在，蒙旅港各同鄉及各界人士之支持與愛護及本銀行各同人之通力合作，為社會顧客服務。十六年來慘淡經營，本銀行之業務方有今日之初基也。」①

1959 年 11 月，香港集友銀行北角支行開業

① 陳厥祥：《集美志》，香港：僑光印務有限公司，1963 年，第 162 頁。

1960 年 1 月，香港集友銀行在九龍漆咸道 240–242 號地下自置行址開設紅磡支行

第三節　加盟中銀　羽翼漸豐

1965年前後，香港發生了一場銀行危機。這場危機從1961年廖創興銀行爆發擠提風潮開始，到1965年達到高潮。其間，香港本地多家中小型銀行遭擠兌，更有幾家銀行倒閉。香港經濟連續幾年都處於不景氣狀態，中小銀行經營極為艱辛。香港集友銀行雖然尚能勉力支撐，但也出現了資金周轉困難的問題；再加上港英政府重訂《銀行業條例》，進一步加強對銀行業的監管，使其處境更為艱難。

廖創興銀行擠提風潮爆發後，港英政府制定並通過了《1964年銀行業條例》，其中要求每家銀行至少保證流動資金比例為25%。1965年銀行危機，又促使港英政府於1967年對《銀行業條例》進行修訂，其中至為重要的一條是將銀行實收股本的最低限額從500萬港元提高到1000萬港元。香港集友銀行的股本為500萬港元，尚需增資500萬港元。

如何渡過難關？1964年香港集友銀行總經理陳厥祥去世，董事會推選陳克承接任總經理。面對資金周轉困難的問題，他和董事長陳六使、董事陳光別、李引桐等人想了很多辦法。[①] 陳六使在集友銀行存款近100萬港元，陳光別存款數十萬港元；陳克承拿出物業來擔保，其他董事也以現金、股票、物業作為擔保。這一系列措施使得銀行流動資金比例保持在20%，但仍存在較大的資金缺口。

要找誰來投資呢？當時集友銀行可選擇的合作對象不止一個。據李引桐回憶，有人推薦印度尼西亞華僑參股。集友銀行與華僑關係密切，歷次增資皆以華僑資金為主。在香港銀行危機中，不少華資銀行選擇與實力強勁的英資、美資銀行合作。這些銀行背後是經濟發展逐漸進入「黃金時

① 香港集友銀行的董事、主要投資人李光前於1967年因病逝世。

期」的西方資本主義國家。從商業角度來說，這兩者似乎都是不錯的選擇。親歷此事的陳光別回憶道：「面對此艱險局面，陳六使董事長，李引桐、陳克承總經理及其他董事等均十分擔心。為了渡過這難關，董事會考慮了各種措施，包括邀請外人加入我行。我不禁想起六四年赴京時，明理兄意重深遠地叮囑：『光別兄，你千萬要告誡克承，若銀行有困難時一定要背靠中國銀行，要緊記其祖父在星（新加坡）之事業受某外國銀行催迫致垮的慘痛致訓。』大家經一番琢磨，遂決定請香港中國銀行援助。」[①] 1968 年 7 月，集美學校委員會授權中國銀行香港分行代管集美學校在香港集友銀行的股份，奠定了雙方合作的基礎。[②] 同年 11 月，董事長陳六使召集董事陳光別、陳佩貞、李引桐、王素虹、白圻甫、陳克承、陳友志，舉行董事會，決定委聘中銀香港代管集友銀行。據當時親歷整個過程的李引桐先生回憶：「（1968 年）11 月 1 號中行請吃飯。11 月 2 號董事會接受中行。11 月 30 號七點卅分集美（學校）股票才交出來，這就是託管過程。12 月 1 日六使請銀行職員吃飯時說：『學校是國家的，你們要為國家辦事。』」[③]

1970 年，為達到香港《銀行業條例》規定的 1000 萬港元的最低資本額，董事會決議增加資本，並邀請中國銀行注資參股。中國銀行香港分行注資 500 萬港元，使香港集友銀行的股本達到 1000 萬港元。中國銀行占股最多，達 50%。此舉在某種意義上保住了香港集友銀行的招牌。香港集友銀行正式加入中國銀行的大家庭，融入國家建設事業當中。香港集友銀行董事長仍由陳六使擔任。1973 年他病逝後，董事會推選陳光別接任。陳克承辭去總經理一職。中國銀行委派原寶生銀行的吳鈺蓀擔任總經理，原

---

① 陳光別：《四十年曆程回顧》，載《香港集友銀行創辦四十周年紀念特刊》，第 5 頁。

② 《福建廈門市私立集美學校委員關於委託中國銀行香港分行為集友銀行股份代理人的委託書》（1968 年 7 月 25 日），現藏於福建廈門私立集美學校委員會檔案室。

③ 《李引桐先生談話紀要》（1988 年 6 月 15 日），現藏於福建廈門私立集美學校委員會檔案室。

交通銀行北角辦事處主任黄定方任襄理，王定而當會計主任。香港集友銀行加入中國銀行的兩年後，集友銀行厦、滬兩行先後由中國人民銀行接管。自此，集友銀行只餘香港一家，肩負創行初衷和使命，繼續前行。

中國銀行 1912 年成立，1917 年於香港設立分行，在民國時期先後承擔中央銀行、國際匯兑銀行和外貿專業銀行等職能。1929 年，中國銀行在倫敦開設中國金融業第一家海外分行，並陸續在世界各大金融中心相繼設立分支機構。新中國成立後，中國銀行及其分佈在世界各地的分支機構，包括其香港的分行，由中央人民政府接管。憑借積累多年的國際化經驗，中國銀行成為國家外匯外貿專業銀行，統一經營管理國家外匯，開展國際貿易結算、僑匯和其他非貿易外匯業務，全力支持國家外貿發展，並充分發揮其在港澳及海外機構的作用，成為新中國融入世界的金融通道。中國銀行具有雄厚的實力、豐富的專業經驗。其在香港的分支機構——中國銀行香港分行，自新中國成立後，陸續接管了多家華資銀行，初步形成後來的中銀集團的雛形；不僅資金充裕，而且匯集了莊世平、張錫榮等一大批經驗豐富的金融人才。

有了中國銀行做後盾，集友銀行獲得了更多的發展空間和優勢，立足香港努力拓展本地業務。20 世紀 70 年代，中國銀行香港分行多次增資，集友銀行的資本不斷增加，由 1000 萬港元增加至 2000 萬港元；1978 年再度增資，由 2000 萬港元增加至 3000 萬港元。資本增加的同時，集友銀行還陸續設立了多家分支機構，1972 年 9 月，在灣仔軒尼詩道 319 號開設東區支行（現灣仔分行前身）；1979 年 3 月，自置九龍荔枝角道 235–237 號地下開設深水埗支行；同月成立全資附屬機構集友財務有限公司，開展多元化業務。隨着資本和分支機構的增加、營業範圍的擴大，集友銀行的市場地位及同業競爭力不斷提升，漸漸在香港站穩了脚跟。

自從1968年集美學校在香港集友銀行的股份由中國銀行代管後，二者之間斷了聯繫。據張其華回憶:「1968年的7月份，香港集友銀行委託中國銀行管理，就交出去了，與集美學校方面就沒有聯繫了，包括經濟賬目也不再有往來。」[①] 香港集友銀行與集美學校雖然沒有了直接聯繫，但是繼續通過為國家建設作貢獻來支持學校發展。國家發展好了，集美學校的發展自然會更好。香港集友銀行配合中國銀行香港支行執行國家的外匯政策以及對香港「長期打算，充分利用」的戰略決策，在為香港與內地的進出口貿易融資，為國家獲取計劃經濟所需要的黃金、外匯，為香港制造業、房地產業發展提供資金等方面，盡了一己之力。

① 《張其華先生訪談錄》（2013年8月26日），現藏於福建廈門私立集美學校委員會檔案室。

第三章　行穩致遠　唯實勵新

1978 年，隨着改革開放政策的實施，中國開始了融入世界市場、走向繁榮富強的征程。香港作為中國對外經濟、金融交往的橋樑，繼續發揮着重要的作用。香港回歸祖國後，內地、香港合作共贏，兩地社會經濟迎來繁榮發展的大好局面，為香港中資銀行提供了發展的良機。

為了配合國家發展戰略、因應新形勢，1983 年中國銀行香港分行以及其他 13 家中資銀行及專業公司，整合為「港澳中銀集團」(簡稱「中銀集團」)。集友銀行成為中銀集團的一員。2001 年 10 月 1 日，中銀集團按照現代銀行經營理念，重新設計組織架構和經營策略，將旗下 12 家兄弟行及中銀信用卡（國際）有限公司重新組成中國銀行（香港）有限公司（簡稱「中銀香港」)。集友銀行成為中銀香港的附屬機構。

在中銀集團和中銀香港的帶動下，集友銀行在進一步深耕香港市場的同時，將業務拓展至內地，重回福建，在厦門、福州開設分行，再一次建立起聯通閩港的架構。

第一節　重返福建　閩港聯動

改革開放後，香港作為中外交往、貿易的要衝，吸引了越來越多的中外客商、企業雲集於此，大大促進了香港貿易、金融等行業的發展，基礎設施建設、房地產業也隨之迅速發展起來；而香港制造業則趁勢北上，到內地投資興業。20 世紀 80 年代至 90 年代，香港經濟成功地完成了轉型，從以制造業為主轉向以服務業為主，形成了以貿易及物流業、金融服務業等為支柱的產業格局。在香港經濟轉型騰飛的過程中，尤其是中資企業南下香港和香港制造業北上內地的過程中，以中國銀行香港分行為首的香港中資銀行獲得了前所未有的發展機遇。

在中國銀行總行的領導下，1983 年 1 月，中國銀行香港分行以及交通銀行、新華銀行、金城銀行、中南銀行、廣東省銀行、浙江興業銀行、國華商業銀行、鹽業銀行 8 家內地註冊銀行的香港分行，南洋商業銀行、寶生銀行、集友銀行、華僑商業銀行 4 家本地註冊銀行和中國銀行澳門分行這 13 家中資銀行及專業公司，整合為「港澳中銀集團」，由中國銀行港澳管理處領導。

中銀集團成立後，開展管理規範化、經營多元化、服務現代化建設。在管理上，大力推動集團內各行的管理實現規範化；在經營上，逐步從商業銀行轉型為綜合性金融機構，從以存貸款、貿易融資、外匯買賣等傳統的銀行業務為主，轉而涉足證券交易、直接投資、一般保險等更為廣闊的業務領域。在服務上，積極開展金融創新，在業務品種、服務手段和渠道上推陳出新，嘗試運用新的金融技術、金融工具，不斷推出新的金融服務。經過一系列向內改革、向外開拓的努力，其整體實力不斷增強。1994 年 5 月，中銀集團獲准發行港幣，成為繼滙豐銀行、渣打銀行之後的第三家發鈔銀行。

規模小、資金少、管理相對薄弱的集友銀行在中銀集團的帶動下，面貌一新。集友銀行得到中銀集團的支持和照顧，在業務上有了長足的進步，並且嘗試向多元化發展。1981 年 3 月，集友銀行代理集團內兄弟行——寶生銀行的黃金現貨買賣業務。同年，先後自己置業開設上環支行、油麻地支行、西區支行，還成立全資附屬機構——集友銀行（代理人）有限公司，辦理各項信託業務。1982 年，自置行址開設青山道支行。同年，設立外匯部為客戶提供外匯買賣業務，並參與資金市場活動，涉足商業銀行業務，力求多元化和專業化；還擔任「中國建設財務有限公司」發行存款證經理行之一。在多元化經營的同時，集友銀行嘗試金融創新，運用新的金融技術、金融工具，推出新的金融服務。自 1983 年開始，為存戶提供自動櫃員機的服務。同年，加入 1982 年成立的銀聯通寶有限公司（JETCO），為其屬下會員行之客戶提供隨身現金、隨身銀行的服務，憑中銀卡或其他「銀通」成員銀行提款卡，隨時均可使用遍布香港、澳門、深圳及珠海的 300 多部銀通櫃員機。

1983 年開始擔任集友銀行總經理的何坤認為，加入中銀集團大大促進了集友銀行業務的發展。他說:「集友銀行因原資本額較小，在開展業務方面受到一定的限制和困難，加入中銀集團後，隨着業務發展的需要，在資金融通方面，兄弟行給予了有力的支持，促進了我行業務迅速的發展。公積儲備逐漸增多，資本額也相應增加，從伍佰萬元增至三億港元，為業務發展提供了更有利的條件。……由於市場經濟形勢的變化，業務不斷地擴大，經營品種逐漸增多，同業競爭日趨激烈，中銀集團為各行提供了計算機服務，我行各項業務逐步實現了計算機化操作，並先後加入了中銀集團計算機聯線和銀聯通寶的自動提款機服務，為開拓業務，便利客戶，提供更快捷的服務。近幾年來，積極開展海外進出口押匯業務，加強了和國際同業相互往來關係。因此，海外進出口押匯業務每年均有大幅度增長，使我行業務發展有了顯著的變化。」①

集友銀行在中銀集團帶領下，積極參與香港和內地經貿投資往來，不但獲得了更大的發展空間，也支持了國家改革開放和現代化建設。1980 年開始，中國先後在廣東的深圳、珠海、汕頭和福建的厦門設立經濟特區，「先行先試」，實行特殊的經濟政策和經濟管理體制，引進外資、先進技術和科學管理方法，發展外向型經濟。中銀集團響應國家政策，利用熟悉香港和內地市場的優勢，為國家引進外資，為外商、港商到內地投資牽線搭橋。在這種形勢下，集友銀行成立了中國投資諮詢部，為內地建設引進資金，介紹海外華僑、客商到內地投資；並借勢重回發源地福建，着力支持厦門經濟特區建設。

1980 年 10 月，中央決定在厦門島北部湖里劃出 2.5 平方千米，設立厦門經濟特區，並於次年 10 月正式動工興建。此時尚處於改革開放之初，外資仍在猶豫觀望。一些關心家鄉和祖（籍）國發展的港商、僑商率先到內地投資，為經濟特區建設帶來資金、技術和人才。集友銀行在其中起到了積極的作用。厦門經濟特區建立不久，集友銀行總經理何坤即聯絡香港一些銀行、商行到厦門投資，並組織各行代表赴厦門參觀、接洽。1983 年 5 月，集友銀行邀請港九客戶組成旅行參觀團，到厦門參觀訪問。參觀團一行 14 人，由業務部經理陳德豐等人率領。陳德豐是厦門集美人，也是集美學校的校友，畢業於集美商業學校，在集友銀行任職 20 餘年。此前，他已闊別故鄉 30 多年。在厦期間，他特地到集美探訪親友，遊覽集美學校，親身感受到了新中國成立 30 多年來的巨大變化，當即表示對厦門經

① 何坤：《獻詞》，載《集友銀行創辦四十周年紀念特刊》，第 7 頁。

濟特區建設前景充滿信心，願為廈門經濟特區建設出力。

廈門經濟特區開始大刀闊斧的建設，但是由於引進外資困難，建設資金面臨巨大的缺口，必須另謀出路。廈門市領導提出了與銀行合作開發廈門經濟特區的設想。同時，中國銀行總行也在思考如何貫徹中央關於辦好經濟特區和支持沿海城市、定幾個試點發揮作用的文件精神，有意以廈門作為中國銀行用好、用活銀行資金的試點。於是，雙方一拍即合，很快達成了合作意向。1983 年 4 月，廈門經濟特區建設發展公司（簡稱「建發公司」)、中國銀行總行信託諮詢公司和集友銀行、南洋商業銀行、華僑商業銀行、寶生銀行、澳門南通銀行等港澳中資銀行和企業三方代表，在北京簽訂了《關於成立廈門經濟特區聯合發展公司協議》。7 月 20 日，建發公司、中國銀行總行信託諮詢公司和港澳 5 家銀行分別派出代表，在香港簽訂了《廈門經濟特區聯合發展有限公司總合同》。兩個月後，廈門經濟特區聯合發展有限公司（簡稱「聯發公司」）獲准成立。在聯發公司成立過程中，集友銀行作為港澳 5 家兄弟行的代表參與其中；並在聯發公司成立後，大力支持其開發建設湖里工業區。

1984 年 2 月，鄧小平視察廈門後不久，中央宣佈廈門經濟特區擴大至整個廈門島，並逐漸實行自由港的某些政策。為進一步支持經濟特區的建設，同年 4 月，集友銀行設立中國投資諮詢部。5 月 4 日，在廈門市華新路 35 號設立內地首個代表辦事處，由陳德豐負責，開展洽談、聯絡、諮詢、服務等非營利性業務。

外国企业在中国常驻代表机构

批　准　证　书

编号 84银函字63

根据中华人民共和国国务院一九八〇年十月三十日发布的“关于管理外国企业常驻代表机构的暂行规定”，兹批准香港集友银行

在中国福建厦门　设立常驻代表机构。代表姓名如下：陳德丰（Mr. TAN TEK-HONG）

此证。

一九八四年四月二日

1984年4月2日，香港集友銀行在厦門設立代表處獲批證書

1984 年 5 月，香港集友銀行廈門代表辦事處在廈門華新路 35 號開幕

1985 年，習近平同志來到廈門擔任市委常委、常務副市長。當時廈門經濟特區剛剛擴大到全島，資金短缺的問題尤為突出。習近平同志分管財政，為解決這個棘手的問題，推出了許多具有開創性的舉措，「廈門率先建立經濟特區金融體系，率先借外債搞基礎設施建設，率先成立外匯調劑中心，率先組建金融同業公會，成立了全國第一家中外合資銀行——廈門國際銀行」①。在習近平同志以及中銀集團港澳管理處主任黃滌岩的推動下，中銀集團把支持廈門經濟特區建設作為重點項目。當時中銀集團內部對到廈門發展有疑慮，但是習近平同志的一顆「定心丸」進一步促成了這件對雙方來說都有利的大好事。代表中銀集團洽談項目的中銀集團港澳管理處副主任林廣兆對 1985 年在香港與習近平同志見面時的談話記憶猶新：「交談中，習近平把廈門的特區建設擴大到全島後具體有哪些發展規劃，特別是哪些地方需要中銀集團的資金支持，非常詳細地進行介紹。尤其是這些

① 《習近平同志推動廈門經濟特區建設發展的探索與實踐》，載《人民日報》2018 年 6 月 23 日 1 版。

項目會給老百姓帶來什麼好處，他介紹得特別清楚。」「當時我說，改革開放，我們應該對福建家鄉多關心、多支持。不過，我們很多同事對厦門發展有疑慮，說香港的業務都做不完，內地交通不便、情況不熟，這樣的業務不做也罷。」「請放心，這些項目我們市裏一定會負責到底。」「好，你也算給我吃了『定心丸』。我相信家鄉政府。我們一定在同等條件下優先支持家鄉。」[①] 此後，在香港中銀集團「先試先辦，靈活變通」的支持下，嵩嶼電廠、翔鷺化纖等一批項目紛紛在厦門落地開花。中銀集團還推動集友銀行在厦門設立分行。1986 年 1 月 8 日，集友銀行厦門代表處升格為厦門分行，遷址中山路 444 號新僑酒店，是厦門首家外資獨資銀行。厦門分行成立後，引進香港的「樓宇按揭」業務，成為當時厦門的創新金融產品。集友銀行總經理何坤在總結集友銀行對改革開放和特區建設的貢獻時說：

1986 年 1 月 8 日，香港集友銀行厦門分行開幕

① 本書編寫組:《閩山閩水物華新——習近平福建足跡》(上)，福州：福建人民出版社；北京：人民出版社，2022 年，第 326 頁。

「近幾年來經我行提供貸款投資項目達35個，遍布在國內12個省、市，並在厦門經濟特區開設了厦門分行，為經濟特區提供了全面性的銀行服務，對特區企、事業的業務人才培訓也盡了一份力量。」①

1985年，集友銀行與厦門人民銀行合作舉辦銀行從業人員國際結算培訓班

1987年，集友銀行迎來在香港創業發展的第40個年頭，整體實力與創行之初相比較，有了巨大的進步，尤其是加入中銀集團的近20年間變化最大。何坤指出：「近廿年來，由於在集團的統一指導下，使我行各項業務有了較大的發展，存款增長46倍，放款增長53倍，總資產增加了47倍，為我行進一步發展奠定了基礎。」② 集友銀行原副總經理陳世共，從1959年至1984年在集友銀行服務，前後長達24年。他見證了集友銀行加入中銀後的巨大變化：「一九六八年前幾乎無盈利，一九六八年後盈利穩步增長，每年

① 何坤：《獻詞》，載《香港集友銀行創辦四十周年紀念特刊》，第7頁。
② 何坤：《獻詞》，載《香港集友銀行創辦四十周年紀念特刊》，第7頁。

都有盈利累積，分支行增加五倍，從兩間增加至十一間，職工增加四倍，並逐步實現年輕化、專業化，操作從原始手工鍵盤到全部實現電腦化。由於參加全港最大規模的『銀通』自動提款機，客戶可在全港九385台自動提款機提款、存款和轉賬，十分方便。」[①] 陳世共是厦門大學校友，自認為是陳嘉庚培養的千千萬萬學子之一，對陳嘉庚特別尊敬，對集友銀行懷有一種特殊的感情。「我以能夠為陳嘉庚先生的愛國教育事業服務而感到無上的光榮，雖然自問貢獻綿薄，但我已把一生的主要歲月獻給這家銀行，和她同患難，共甘苦，建立起深厚的感情。我衷心地祝願這家銀行日益壯大，興旺發達。」[②] 他的一番話說出了老一代集友人追隨陳嘉庚、為愛國教育事業服務的責任擔當和奉獻精神，也表達了對銀行未來發展的期許。

隨着改革開放的深入發展，集友銀行的業務蒸蒸日上。1988年，厦門分行獲准試點經營有限制的人民幣業務，成為全國可經營人民幣業務的第一家外資銀行。

中国人民银行厦门市分行

厦人银(88)042号

函复同意你行试办部份人民币业务

厦门国际银行、香港集友银行厦门分行：

根据中国人民银行银发(1987)185号文精神，经研究同意你行试办部份人民币存、贷款业务，现将业务范围和做法规定如下。

1988年，中國人民銀行厦門市分行函覆

① 陳世共：《發揚陳嘉庚的愛國精神 把集友銀行辦得更好》，載《香港集友銀行創辦四十周年紀念特刊》，第26頁。
② 陳世共：《發揚陳嘉庚的愛國精神 把集友銀行辦得更好》，載《香港集友銀行創辦四十周年紀念特刊》，第27頁。

1988 年 7 月，經中國人民銀行批准，集友銀行在福州古田路於山賓館一號樓設立代表辦事處，由李金佑負責。福州代表辦事處的設立進一步提升了集友銀行在閩港兩地的網絡優勢。進入 20 世紀 90 年代，內地與香港經貿來往日新月异，為集友銀行的發展提供了新的增長點。集友銀行參與多筆內地基建項目及銀團貸款、擔任 IPO 包銷商及主收票行，業務進一步騰飛發展。

1988 年，香港集友銀行福州辦事處開幕

1992 年 11 月 18 日，福州代表辦事處獲中國人民銀行批准升格為集友銀行福州分行，姚洪彬任行長，並於 1993 年 1 月 8 日正式開業。此後，集友銀行的業績連年攀升，發展勢頭良好。1993 年，集友銀行總資產達 189 億港元，在港有 19 家支行，在內地有厦門、福州兩家支行，當年利潤達 2.9 億港元，比上年增長 26.3%。據英國《銀行家》雜誌公佈，集友銀行於 1993 年進入了世界千家大銀行的行列，排在第 980 名。1993 年、1994 年連續兩年獲「湯臣百衛」亞洲區最佳表現銀行第二名。1995 年再創

佳績，世界排名躍升 281 位，列第 699 名。1996 年，集友銀行經營成績非凡，純利達 6 億港元，比上年增長 28.3%，明顯高於香港同業平均 12.7% 的增幅。

中國人民銀行

集友银行：

贵行总经理吴文拱先生一九九二年六月二十五日致我行李贵鲜行长的函收悉。参照《上海外资金融机构、中外合资金融机构管理办法》，兹批准贵行福州代表处改为分行，名称为"集友银行福州分行"。同意姚洪彬先生任贵行福州分行行长。集友银行福州分行可以经营下列业务：

一、外币存款；
二、外币放款；
三、外币票据贴现；
四、外币投资；
五、外币汇款；
六、外汇担保；
七、进出口结算；
八、自营或者代客买卖外汇；
九、代理外币及外币票据兑换；
十、代理外币信用卡付款；
十一、保管及保管箱；
十二、资信调查和咨询。

请贵行按有关规定办理登记和申领《经营外汇业务许可证》等有关事宜。

中国人民银行

一九九二年十一月十八日

1992 年 11 月，中國人民銀行批准集友銀行福州代表處升格為福州分行吳文拱 1992 年出任集友銀行總經理。他認為集友銀行在 20 世紀 90 年代的飛速發展，「靠的就是祖國實行改革開放政策，國家經濟蓬勃發展；靠的是中銀集團的優勢，通過制度化、電腦化、業務品種多樣化，為銀行的發展提供有利條件；靠的是福建鄉親、海外華僑、廣大客戶的大力支持和配合。祖國經濟的騰飛，香港作為亞太地區金融中心、航運中心、貿易中心、信息中心的地位更加穩固。集友銀行也借此機遇，拓展業務，才有今日的業績，經濟發展是銀行發展的最大動力」[①]。林廣兆在 1999 年至 2002 年擔任集友銀行副董事長。他認為中銀集團的支持及福建業務的開展，是集友銀行穩步壯大的重要因素，也有助於繼續弘揚「嘉庚精神」。

1993 年 7 月，集友銀行舉辦總行大廈擴建落成酒會

① 陳忠信：《訪港回來，話回歸》，載《集美校友》1997 年第 3 期。

他指出集友銀行加入中銀集團，「通過中銀集團增資，提高了財政競爭力，以助發展壯大及繼續弘揚陳嘉庚先生的愛國精神」[①]。

集友銀行重回福建，不僅業務節節攀升，還與集美學校再續前緣。1980 年，根據中央撥亂反正、落實政策的相關文件，中國銀行總行指示將原屬集美學校的股權代管權歸還福建省廈門市私立集美學校委員會（簡稱「集美校委會」）；並根據國務院僑辦的建議，由莊明理、張其華及陳朱明代表集美校委會擔任集友銀行董事。為弘揚「嘉庚精神」、繼承陳嘉庚的遺志、賡續集友銀行「以行養校、以行助鄉」的初衷，1989 年集友銀行股東捐資成立集友陳嘉庚教育基金會（現廈門市陳嘉庚教育基金會），用於獎勵集美學校優秀師生；1994 年，設立集友科技成就獎，每年撥出 10 萬港元，用於獎勵福建省有突出貢獻的科技人員。吳文拱說：「當年陳嘉庚創辦集友銀行是希望銀行盈利補助集美學校的教育經費。陳老先生此舉得到南洋華僑商賈的積極響應。飲水思源，在銀行發展的同時，也要為祖國，為教育事業多做一點兒貢獻。」[②]

第二節　背靠祖國　深耕香港

1997 年 4 月 23 日，集友銀行舉行了第 50 屆股東大會。總經理吳文拱對銀行未來的發展充滿信心。他提出，集友銀行以「立基香港，連通內地和香港，聯繫華僑，努力辦成一家具有中國傳統風格的現代化銀行」[③] 為經營發展策略，爭取在 20 世紀末稅後純利突破 1 億港元，為內地和香港的發展作出應有的貢獻。集美校委會副主任陳忠信應邀參加股東會，吳文拱

① 《集友銀行七十周年紀念特刊》，第 109 頁。

② 陳忠信：《訪港回來，話回歸》，載《集美校友》1997 年第 3 期。

③ 陳忠信：《訪港回來，話回歸》，載《集美校友》1997 年第 3 期。

對他談起香港回歸，欣喜之情溢於言表：「香港回歸在即，這是炎黃子孫盼望一百多年的願望，在這個劃時代的歷史時刻，我們要團結六百萬港人，認真貫徹『一國兩制』『港人治港』『高度自治』的基本國策，同心協力，以經濟、民生、政治、文化等方面去創造一個美好燦爛的香港。香港人民深信，香港一定會保持繁榮和穩定，會不斷提高自身的國際競爭力，繼續維持金融、貿易、航運、信息及服務中心的地位，香港的明天一定會更好。」①

1997年7月1日，中國政府對香港恢復行使主權，舉國歡騰。香港回歸不久，集友銀行迎來在港創業的第50個年頭，可謂雙喜臨門。為此，銀行不僅舉行慶祝酒會，還在菲律賓舉行「九七香港經濟研討會」，準備進一步發展華僑業務。在一片歡慶的氣氛中，從泰國開始的金融風暴逐漸

1997年，香港集友銀行在菲律賓舉辦「九七香港經濟研討會」

① 陳忠信：《訪港回來，話回歸》，載《集美校友》1997年第3期。

向亞洲各地蔓延，很快波及香港。國際炒家連續對港幣發起攻擊，引發了一場金融大戰。因受到金融戰的影響，香港股市、房市大跌，到1998年的第二季度GDP呈負增長。在生死存亡之際，中央政府為香港提供了堅強的後盾，香港中銀集團積極配合，並採取措施全力支持香港特區政府，最終打贏了這場金融保衛戰。

這次金融風暴雖然沒有波及內地，卻使中央政府認識到國有商業銀行存在的一些問題，尤其是日益突出的銀行壞賬問題。於是政府推出了一系列改革措施，推動國有商業銀行市場化，其中包括股份制和海外上市。2001年，中銀集團籌備在香港上市。2001年10月1日，中銀集團按照現代銀行經營理念，重新設計組織架構和經營策略，將旗下12家兄弟行及中銀信用卡（國際）有限公司重新組成中國銀行（香港）有限公司（以下簡稱「中銀香港」)。重組之後，中銀香港成為資產及存款規模僅次於滙豐銀行的香港第二大銀行集團。2002年7月25日，中銀香港在香港聯交所掛牌上市，成為首家在國際資本市場上市的中國國有控股商業銀行。在重組上市的過程中及上市後，中銀香港嚴格接受香港註冊和上市的監管要求，通過外部監管、公眾監督推動公司治理和管理機制的改革，大大提升公司治理水平和透明度；同時，轉變經營理念，重新設計經營策略，明確以實現股東價值最大化和向客戶提供優質服務為企業的發展目標。中銀香港通過這次重組上市，還加強了對集團內部各成員的管理，統一了品牌和管理機制。

中銀集團重組上市後，集友銀行成為中銀香港的附屬公司。在集團的示範和指導下，集友銀行借鑑國際先進銀行和現代企業管理的理論和方法，更新組織架構和管理理念，採取了以下措施：全面引入戰略經營單位（SBU）管理模式；健全風險管理及監察機制，設立了直屬董事會的審計委員會；建立全面問責制，引進有競爭力的薪酬激勵機制……在更為現代化、科學化、合理化的組織架構和新的管理理念作用下，集友銀行有效地提升了公司治理及客戶服務水平；不但為客戶提供更專業、更便捷的服務，而且不斷開拓更有特色的創新型產品。

在加強內部管理的同時，集友銀行持續推進內地業務。2001 年 8 月，為配合珠三角地區的融合發展，集友銀行成立了珠三角拓展組，專注在珠三角地區開拓新的客戶，制定「兩條腿走路」的拓展策略，即以地區和行業作為重心，將其上、下游企業作為業務開展對象。2002 年，集友銀行廈門分行和福州分行獲准經營全面外匯業務，業務對象擴展至內地居民和企業。香港與內地業務持續推進，集友銀行的收益和規模不斷擴大和提升。1997 年資產總值在世界銀行中排名第 603 位；資本排名世界第 560 位，亞洲第 185 位。2000 年底，英國《銀行家》雜誌公佈世界 1000 大銀行資本排名，集友銀行名列世界第 465 位。2003 年集友銀行年利潤達 4.85 億港元，較上年增加了 6.5%，綜合總資產達 308.1 億港元。

2003 年是香港經濟「峰迴路轉」的一年，剛剛呈現復甦之勢就遭到非典疫情的侵襲，導致上半年持續受到通貨緊縮、樓市下跌、股市低迷的困擾。銀行業面臨發展困局。到了下半年，隨着內地居民赴港「個人遊」計劃和《內地與香港關於建立更緊密經貿關係的安排》（CEPA）的逐步落實，香港經濟再現曙光。「內地因素」日益成為影響香港經濟尤其是銀行業發展的最重要的因素。同年 11 月，國務院批准香港本地銀行可從 2004 年起試行個人人民幣業務，受到了香港各界尤其是銀行界的歡迎。2003 年 12 月，中銀香港獲中國人民銀行委任為香港人民幣業務清算行，並且是香港人民幣業務的唯一清算行。集友銀行管理層對未來的發展充滿信心，認為在中銀集團的支持並發揮自身的競爭優勢下，集友銀行將會從香港經濟復甦和內地經濟快速發展中，得到更多的業務發展機會。並在年報中提出未來的發展思路：致力於為客戶提供專業理財及優質融資服務的同時，積極拓展企業銀行業務，發揮集友銀行服務中小企業的優勢，提供靈活、貼身的服務；繼續發揮熟悉內地市場的優勢，配合工商企業客戶進入內地市場開拓業務，並積極部署在珠三角、福建省及長三角提供更全面的銀行服務。

內地經濟持續繁榮、CEPA 的實施和個人人民幣業務在香港啟動，使香港經濟憑借背靠祖國、面向世界的優勢，穩步發展，持續向好。這些利好因素，給包括集友銀行在內的香港中資銀行的發展注入了新動力。集友銀行的經營管理者，因應時代及市場變化，以開拓創新的精神，從提升客戶關係管理、提升產品競爭力、優化渠道管理等方面着手，加強自身建設，拓展業務。集友銀行的效益和規模持續攀升。2006 年，全年稅前盈利增長 28.1%，稅後盈利同比增長 13.3%，完成全年指標 107.1%；客戶存款餘額 275.7 億港元，放款餘額 111.49 億港元，全年淨利息收入較前年增加 21.2%。至 2007 年，當年淨利潤為港幣 7.75 億元，較上年增加 38.4%，總資產達港幣 390 億元。2007 年是集友銀行在香港發展的第 60 個年頭。經過一個甲子的奮鬥，集友銀行已發展成為具有相當規模的現代化商業銀行，在香港銀行界爭得了一席之地。正如時任集友銀行董事長的和廣北在 2006 年年報中致辭：「過去的一個甲子，本行業務與香港經濟共同成長，亦與國家的發展息息相關，經過幾代人努力不懈、精心經營管理，本行已成為一家業務品種繁多，客戶遍布中國內地和香港以及東南亞地區，通過 23 家本地分行和福州、廈門兩家內地分行，貫徹了本行『立基香港、聯通內地、聯繫華僑』的服務宗旨，為客戶提供『靈活、快捷、貼身』的銀行服務。」

2008 年，全國各地沉浸在喜迎北京奧運會的氛圍中。集友銀行也派出以時任集友銀行副總經理陳耀輝為代表參加北京奧運火炬福建段的傳遞。同年，一場由美國次貸危機所引發的世界性金融海嘯席卷全球。在金融海嘯的衝擊下，香港經濟衰退，金融、貿易等行業遭重創。中央政府通過推動內地與香港加強金融合作、粵港經濟合作等多項措施，幫助香港渡過難關。這次危機使中央政府意識到外匯儲備管理、國際貿易及資本流動過於依賴美元的巨大風險，從而採取人民幣國際化、重構國際貨幣體系、開展區域貨幣金融合作等措施，來降低全球範圍內對美元的依賴，提高人民幣及其他貨幣的地位。在這種形勢下，從 2004 年開始試點人民幣業務的香港，於 2009 年正式成為最早設立的離岸人民幣中心。人民幣業務成為香港銀行業的一大增長點。同年 6 月，內地與香港跨境貿易人民幣結算業務正式開展。

集友銀行抓住機遇，在獲准正式經營人民幣業務後，利用自身優勢，在香港積極開展相關業務，通過提供香港居民和企業的人民幣存款、兌換業務，結合跨境結算配套服務，擴大了人民幣資金的規模；並引入多項人民幣基金、保險、債券產品，滿足客戶的人民幣資金投放需求；還大力發展個性化的企業人民幣融資服務，為客戶提供全方位的人民幣服務方案。同時，着力拓展內地業務，進一步優化福州、厦門分支行的服務和管理，充分配合客戶的運作需求，進一步提升內地與香港兩地產品、團隊和網點的聯動服務，為客戶的跨境業務提供更全面的服務解決方案。由於發展策略得當，集友銀行收益及資產連年增加，獲得各方好評。2011 年，年利潤為 9.72 億港元，較上年增加 55.87%，綜合總資產為 441 億港元。2011 年、2012 年，連續兩年入選《亞洲週刊》公佈的「亞洲銀行 300 排行榜」，分別排名第 16 位和第 8 位。

2009 年 3 月，集友銀行廈門集美支行在嘉庚故里開幕

業務發展的同時，集友銀行不忘弘揚「嘉庚精神」、履行社會責任。謝小玲於 2012 年 8 月至 2016 年 2 月擔任集友銀行副董事長兼行政總裁。在她看來「以銀行盈利反饋集美學校的崇高理念」[①] 是集友銀行的獨特之處，陳嘉庚等先輩創辦集友銀行的歷史是寶貴的精神財富，「必須要好好將陳嘉庚先生愛國興學的理念、倡辦集友的歷史廣泛傳播和踐行」[②]。在她的倡議下，2013 年，為紀念陳嘉庚先生創辦的集美學校 100 周年，集友銀行向集友陳嘉庚教育基金會捐贈 100 萬元人民幣。另外，她還在總行大樓設立「集友歷史墻」，「讓員工有機會去認識集友歷史，像播種一樣，慢慢培養出閱讀行史的文化，也讓員工領略到作為集友人有着崇高的歷史使命」[③]。

① 《集友銀行七十周年紀念特刊》，第 111 頁。
② 《集友銀行七十周年紀念特刊》，第 111 頁。
③ 《集友銀行七十周年紀念特刊》，第 111 頁。

第四章　逐夢跨越　宏圖大展

2012年，黨的十八大開啟中國特色社會主義新時代，中華民族迎來了從站起來、富起來到強起來的歷史性飛躍。中共中央堅持改革開放的強國之路，提出「一帶一路」倡議這一新時代擴大對外開放的重要舉措和經濟外交的頂層設計。

「一帶一路」倡議提出後，中國銀行將「一帶一路」沿線區域作為海外佈局的重點。為配合中國銀行總行全球發展戰略，更好地發揮集友銀行的品牌優勢，中銀香港決定出售旗下子公司——集友銀行有限公司的股權。與此同時，作為改革開放後「中國第一家中外合資銀行」的廈門國際銀行，為提升跨境優勢，正逐步推進以「內地為主體、以港澳為兩翼」的國際化戰略，準備在香港佈局。

經過多次接觸和商討，2017年中銀香港將所持有的集友銀行股權轉讓給廈門國際投資有限公司（廈門國際銀行股份有限公司設在香港的全資附屬公司）和福建省廈門市私立集美學校委員會。集友銀行成為廈門國際銀行的一員，實現傳承跨越，開啟發展新篇章。借助新的平台，在新的管理思維、營銷文化激發下，集友銀行銳意創新，逐漸繪就跨境、跨界、跨市場一體化金融服務的發展藍圖，從一家傳統商業銀行蝶變為集團化、國際化、綜合化的集團戰略平台。同時，堅持以文化引領發展，積極弘揚「嘉庚精神」，履行社會責任，樹立創新發展的企業文化，打造集友品牌新形象。

第一節　志同道合　結緣國行

2014 年，在「一帶一路」倡議提出後不久，以國際化見長的中國銀行率先承擔起打通「一帶一路」金融大動脈的重任，積極與沿線國家開展金融合作，在許多國家設立了分支機構。中國銀行將東盟地區部分機構和業務交給子公司中銀香港，由其負責整合東盟地區機構、助力東南亞地區「一帶一路」建設。中銀香港為貫徹總行的海外發展策略，積極推進區域化發展，提出建設一流的全功能國際化區域性銀行的目標。同時，為了配合新常態下國家經濟結構轉型升級，落實供給側結構性調整，中銀香港打出了一套組合拳，通過精簡企業構架、出售旗下部分銀行股權等措施，在優化資源配置、鞏固核心品牌的同時，增強資金實力，積極拓展東南亞地區業務。2016 年，中銀香港準備全數出售旗下子公司——集友銀行有限公司的股權。同年 10 月 26 日，中銀香港 2016 年第七次董事會會議審議通過了擬議出售集友銀行有限公司股權的議案。消息一出，引起廣泛關注。經過多次接觸和深入談判，中銀香港與買方達成了合作意向。

買方來自厦門，與集友銀行頗有淵源。其中福建省厦門市私立集美學校委員會（簡稱「集美校委會」）原本就是集友銀行的股東，負責集美學校股息管理、使用的具體事宜，因而與集友銀行常有來往。厦門國際銀行股份有限公司（簡稱「厦門國際銀行」）1985 年成立於厦門，是新中國第一家中外合資銀行。與集友銀行一樣，厦門國際銀行也有僑資背景，成立時的外方股東是印度尼西亞華僑李文光。兩家銀行都曾與習近平同志結緣。集友銀行在厦門、福州開設分行時得到了習近平同志的關心。厦門國際銀行的創辦，是習近平同志在厦門工作時進行金融改革、重視引進外資的成果。「厦門國際銀行是 20 世紀 80 年代經國家批准的首家中外合資銀行，近平同志對這家銀行確實關懷備至。他參加開業典禮並接見香港貴賓，還多次親臨指導工作。2010 年來厦門時，仍然惦念着國際銀行的近況。經濟特區興辦早期最急盼解決的就是引進境外資金與技術。近平同志在厦門最為重視的工作之一就是多渠道引資，以解決燃眉之急。他分管市計委工作後，特別重視金融業務與外國資金的吸納，厦門國際銀行的引進就是成果之一。」①

屹立於厦門市鷺江之濱的厦門國際銀行大廈

① 中央黨校採訪實錄編輯室：《習近平在厦門》，北京：中共中央黨校出版社，2020 年，第 91 頁。

收購集友銀行，對厦門國際銀行而言，是具有非常重要意義的一件事。厦門國際銀行管理層高度重視，為順利完成股權交割，認真研究內地與香港的法律制度、監管環境，厦門國際銀行專門成立了項目小組，高級管理層率先垂範。時任總裁呂耀明多次奔赴香港，坐鎮指揮，密集召開工作會議；時任副總裁焦雲迪作為談判代理人，不辭辛勞，通宵達旦參與談判；時任副總裁章德春多次拜訪中國銀行、中銀香港，同集美校委會進行多次會談，就收購細節交換意見；副總裁鄭威全程參與，對項目小組材料進行審核和指導。

2016 年 12 月 22 日，中銀香港、厦門國際投資有限公司和集美校委會、集友銀行四方，在福州舉行「集友股權買賣協議和過渡期服務協議簽約儀式」。時任中銀香港總裁岳毅與擬議買方厦門國際投資有限公司董事呂耀明（時任厦門國際銀行總裁）、時任集美校委會主任黃菱就擬議出售股權（共計 2114773 股普通股，占集友銀行股份約 70.49%）簽訂集友銀行股權買賣協議，交易對價總計 76.85 億港元，其中厦門國際投資占股 64.31%，集美校委會占股 6.18%。同時，中銀香港、集友銀行、厦門國際投資有限公司簽訂了過渡期服務協議。

2017 年 3 月 27 日，股權交割圓滿完成，集友銀行正式成為厦門國際銀行的一員。次日，厦門國際銀行、集美校委會與中銀香港聯合舉行集友銀行股權成功交割儀式。當天，新朋舊友齊聚香港，慶祝交割工作順利完成。時任中央人民政府駐香港特別行政區聯絡辦公室副主任仇鴻，香港金融管理局副總裁阮國恒，時任中國銀行行長陳思清、副行長任德奇，時任中銀香港副董事長兼總裁岳毅，時任厦門市委常委、統戰部部長兼集美校委會主任張燦民，時任福建省投資集團董事長嚴正，時任厦門國際銀行總裁呂耀明，時任厦門國際銀行副總裁、集友銀行代表鄭威，福建省、厦門市政府相關部門負

2017年3月28日，慶祝集友銀行股權成功交割儀式（左一為時任廈門國際銀行總裁呂耀明）

責人，以及福建鄉賢、香港各界人士、集友銀行客戶、董事及員工代表、同業及媒體代表等出席活動，共同見證集友銀行的發展翻開了新的一頁。

集友銀行股權交割之所以受到各方的關心和關注，是因為此事不但關乎集友銀行未來發展以及中國銀行、廈門國際銀行的戰略佈局，而且有益於福建省深化金融改革、推進閩港合作，也有助於福建文教事業的發展，具有多重意義。時任中國銀行行長陳四清認為：這是一個多方共贏的合理安排。對於中國銀行而言，有利於集團資源的優化配置，符合中國銀行在香港地區發展的長遠戰略。廈門國際銀行在收購集友銀行之後，將成為內地第一家在香港、澳門均設有分支機構的城市商業銀行，海外戰略佈局開啟新篇章。集友銀行將在實力雄厚的新股東帶領下，更好地發揮自身品牌優勢和業務傳統，推動業務發展和經營管理邁上新台階。廈門國際銀行與集友銀行成功牽手不僅增強了福建省的金融實力，也進一步拓展了福建與港澳台和東南亞經濟金融合作的深度和廣度，鞏固了福建作為「海上絲綢之路」橋頭堡的戰略地位，將為國家「一帶一路」整體建設貢獻力量。

正如陳四清所指出的那樣，集友銀行花落福建，對於廈門國際銀行乃至福建金融業的發展尤為重要。收購集友銀行是廈門國際銀行推進其國際化戰略的一個重要舉措。廈門國際銀行從 1985 年作為「新中國首家中外合資銀行」，到 2013 年全面改制為中資商業銀行，一直密切配合國家及福建省發展戰略，勇立金融改革創新的潮頭。隨着「一帶一路」以及粵港澳大灣區建設的進一步發展，福建省不斷深化與澳門的合作。廈門國際銀行與旗下境外附屬機構澳門國際銀行互相呼應，為閩、澳合作搭建金融橋樑，助力自貿試驗區及「海上絲綢之路」戰略支點城市建設。集友銀行的加入，使廈門國際銀行實現了閩港澳三地均有集團內機構聯動的目標，完善了「以內地為主體，以港澳為兩翼」的戰略佈局，為福建省金融業借力港澳獨立法人分支機構提高國際化水平，深化閩、港、澳合作，邁出了關鍵的一步。

收購集友銀行也是廈門國際銀行構建其華僑金融戰略佈局的重要一環。廈門國際銀行自誕生就帶有國際色彩和華僑基因，早就成為其經營發展的特色和優勢。在成立之初，廈門國際銀行就確立了服務華僑華人的客戶定位，此後一直圍繞華僑華人和國際結算等業務不斷發展壯大。集友銀行也有着深厚的國際色彩和華僑背景。它在國際金融中心香港有 24 家分行，在內地的福州、廈門也設有分支行，開展國際業務及跨境服務的經驗豐富；其宗旨體現了華僑領袖陳嘉庚愛國愛鄉、服務社會等精神，其創辦和發展離不開華僑華人的支持；並且長期以來，集友銀行以服務華僑華人為使命，在東南亞華僑華人中具有較高知名度。因此，集友銀行的加入，對於廈門國際銀行來說如虎添翼，不但完善了國際戰略佈局、提升了國際競爭力，而且大大提升了其在東南亞華僑華人中的影響力。使廈門國際銀行「賦能華僑華人經濟圈高質量發展，在新時代重塑華僑金融旗幟，打造鮮明的華僑華人特色銀行」的藍圖逐漸清晰。

集友銀行加入厦門國際銀行之後，依託其國際戰略佈局、華僑金融戰略佈局，能夠更好地發揮自身的品牌優勢和業務傳統，繼續「立基香港、聯繫華僑、服務社會」；也能夠更好地踐行創行宗旨，弘揚「嘉庚精神」。時任厦門國際銀行副總裁、集友銀行代表鄭威在股權交割儀式上說：「集友銀行自創辦以來就與福建血脈相連。本次收購集友銀行是厦門國際銀行推進國際化、綜合化戰略的重要舉措。集友銀行將借助此次回歸福建的良好機遇，進一步發揮聯繫海外華僑的紐帶作用，對接港澳台、東南亞華人華僑企業、社團，並持續深耕香港本地市場。」[①] 更重要的是，厦門國際銀行秉承「發展取之於民，成果惠之於民」的社會責任觀，將銀行經營管理與履行社會責任緊密結合，認真履行企業社會責任，用實際行動切實服務民生領域、踐行嘉庚精神。這與集友銀行「以行養校、以行助鄉」、以經營輔助文教及社會事業等宗旨，殊途同歸。雙方進而在凝聚共識的基礎上形成合力，攜手弘揚「嘉庚精神」，壯大公益事業。時任厦門市委常委、統戰部部長兼集美校委會主任張燦民認為：集友銀行不忘創辦人陳嘉庚先生的初心，一貫秉持「以行養校、以行助鄉」的宗旨，用優厚的經營業績回報集美學校，是陳嘉庚先生「教育為立國之本，興學乃國民天職」偉大精神的體現。在集友銀行成立 70 周年之際，集友銀行股權成功完成交割意義重大，將有助於繼續大力弘揚「嘉庚精神」。

2017 年對於集友銀行是別具意義的一年，不僅加入了新平台，而且迎來了在香港創業發展的第 70 個年頭。全國政協副主席董建華、梁振英，香港特區行政長官林鄭月娥等港島名人欣然為集友銀行 70 周年題詞。其

① 《集友銀行股權交割圓滿完成 正式成為厦門國際銀行一員》，央廣網，2017 年 3 月 28 日。

中董建華以「立足香港 裕港興邦」8 個字肯定了集友銀行對香港、對國家的貢獻。回望過去，時任集友銀行董事長呂耀明用「穩重踏實、傳承跨越」8 個字簡明扼要地概括了 70 年來一代代集友人勤懇經營、踏實築夢繪就的集友銀行奮鬥史。集友銀行加入厦門國際銀行集團，又是一次「傳承跨越」。這一次，「歷史同根、文化同源，且志同道合的一群奮鬥者緊緊團結在一起」，「集金融之友，融國際之強」[①]，在幹事創業、奮發有為的美好時代，共同開創新的事業。

第二節 賡續初心 蓄勢而發

集友銀行加入厦門國際銀行後，雙方「歷史同根、文化同源」、志同道合，使合作有了良好的基礎；並且借此引入不同的管理思維和營銷文化，也有助於集友銀行突破發展瓶頸，再上新台階。但轉換平台帶來發展機遇的同時，也帶來了不少困難和挑戰。如何完成新舊平台轉換過程中龐大的分離整合工作？如何與新平台的經營管理和企業文化融合？如何克服過渡時期日益顯現出來的資本不足、人員流動性加大、系統整合困難重重、潛在風險亟待化解等內在、外在的問題？轉換平台後，集友銀行的發展是否能經得起市場的考驗？

面對諸多困難，集友銀行敢於接受挑戰，勇於正視自身缺陷，以改革促發展，以創新激活力；在堅持以客戶為中心、質量第一、穩健發展的同時，業務上連續取得新突破；逐漸繪就跨境、跨界、跨市場的一體化金融服務藍圖。2017 年股權交割剛剛完成，集友銀行的業務就有了新進展。一是成功完成首筆「債券通」和債券承銷。為了提升市場地位，以創新發展

① 呂耀明：《從歷史深處走來 向美好明天邁進——集友銀行 70 周年志慶》，載《集友銀行七十周年紀念特刊》，第 5 頁。

提升聯繫內地和香港的戰略優勢，集友銀行積極參與連接內地與香港債券市場的「債券通」中的「北向通」交易機制。經多番協調，於 7 月 3 日成功參與市場第一批交易，首批完成「債券通」投資業務。二是發行了首筆額外一級資本票據（AT1）。集友銀行經過與香港金管局及厦門銀監局反復磋商，最後獲准發行額外一級資本票據（AT1）計入母行集團一級資本中，成為香港首例實現集團並表的一級資本票據發行項目，也是境內外首列兩地監管機構共同認可採用雙減記條款發行票據，具有創新性、標誌性意義。11 月 29 日，集友銀行在港成功發行首筆 2.5 億美元的額外一級資本票據（AT1），提升了一級資本充足率，優化了資產結構，為未來發展開闢了更廣闊的空間。

2018 年，集友銀行附屬公司「集友國際資本有限公司」及「集友資產管理有限公司」分別獲得香港證監會就機構融資提供意見（6 號牌照）及資產管理（9 號牌照）的正式批覆，並於當年 8 月 17 日正式開業。這兩家公司的成立，標誌着集友銀行正式開啟資產管理及投行業務，開啟構建綜合金融平台新格局，朝經營多元化、收入多樣化、渠道綜合化、集團國際化方向邁出關鍵的一步。同年 12 月 30 日，集友銀行深圳分行正式開業。繼厦門、福州分行之後，時隔 25 年，集友銀行在內地再次設立分行級機構網點，也是加入厦門國際銀行後首次設立境內分行，為集團在北、上、廣、深四大戰略要地實現分行級機構網點的全覆蓋，補上了最後一塊拼圖。

2018 年 8 月 17 日，集友銀行附屬公司「集友國際資本有限公司」及「集友資產管理有限公司」正式開業（居中者為集友銀行行政總裁鄭威）

2018 年 12 月 30 日，集友銀行深圳分行開業（前排左五為時任厦門國際銀行總裁章德春）

2019 年，集友銀行持續深化境內外聯動機制，發揮差异化優勢，跨境業務獲得新突破；成功拓展國企單位及其在港「窗口」企業的外債貸款、外存外貸、內存外貸、國內股權質押境外貸款等業務，且平均利率低於內地市場融資成本，為企業拓寬融資渠道，為企業「走出去」創造融資便利，逐步建立起「跨境服務專家」的口碑。此外，集友銀行在東南亞的佈局進一步深入，利用新牌照資源加速構建「投行 + 商行」佈局，大金融市場建設破冰起步，搭建投、融資業務的頂層設計和管理模式；重點推進集友銀行股權投資管理（QFLP）公司的工商註冊登記事宜，開啟了集友銀行涉足股權投資、投貸聯動等新興領域之門。同時，抓住粵港澳大灣區政策機遇和未來金融科技浪潮，加速申請在深圳成立子公司——集友科技創新有限公司。

2020 年，集友銀行借助大金融市場的發展，逐步鍛造在開放環境下的綜合經營能力，利潤多元增長格局進一步生成，跨境、跨界、跨市場的一體化金融服務藍圖漸現。附屬公司「集友國際資本有限公司」啟動自營投資、基金投資顧問、資產證券化等業務的前期籌備工作;「集友資產管理有限公司」旗下的兩隻基金實現正回報，投資團隊與 8 間債券經紀建立合作關係，亦同步推進與銀行聯動及其他財富管理公司合作。2021 年，克服無產品、無人員、無流程、無客戶等重重困難，總行個人金融業務部和深圳分行成功於 4 月在深圳組建內地首支零售業務團隊，年內實現首筆個人信用貸、首筆跨境抵押貸和首筆境內個人定期存款等業務落地，向跨境零售業務藍圖邁出堅實步伐。

在業務創新發展的同時，集友銀行的經營管理者們意識到企業文化創新發展的重要性，堅持以文化引領發展；通過企業文化建設，增強集友銀行內部凝聚力，促進集團內部不同企業文化的融合，樹立品牌形象，提升社會效益，為業務發展提供有力的支撐。2017 年，集友銀行提出傳承、創新、發展的思路，在傳承基礎上加快融合集團文化，樹立創新發展的企業文化。2018 年，成立企業文化建設小組，重塑本行企業文化要素及完成企業文化綱要，大力宣揚「恪守誠信、以人為本、創新發展、服務社會」的核心價值。同時，逐漸形成弘揚「嘉庚精神」，履行社會責任，打造集友品牌新形象的路徑；依託集友陳嘉庚教育基金、閩都中小銀行教育發展基金（現為閩都陳嘉庚公益基金會），開展捐資助學活動；2019 年，由集友銀行旗下集友陳嘉庚教育基金牽頭，聯合新加坡陳嘉庚基金、馬來西亞陳嘉庚基金、厦門市陳嘉庚教育基金會、閩都中小銀行教育發展基金、馬來西亞中華大會堂總會、吉隆坡暨雪蘭莪中華大會堂、菲律賓厦門聯誼會等全球各地嘉庚系非營利性組織，成功發起設立「陳嘉庚基金聯誼會」；構建全球各地嘉庚系基金會和社團組織溝通聯絡、優勢互補、資源共享的平台，以實現壯大公益事業、弘揚嘉庚精神、凝聚全球華僑為「一帶一路」建設貢獻力量的三大目標。

2019 年 10 月 22 日，陳嘉庚基金聯誼會在香港成立（二排左三為時任集友銀行董事長呂耀明，一排右三為時任厦門國際銀行總裁章德春）

加入厦門國際銀行以來，面對市場的考驗，集友銀行在母公司的大力支持下，以創新帶動發展，用優良的業績交出了一份漂亮的答卷。2013—2016 年，集友銀行整體發展速度遠遠落後於市場表現，盈利也呈現負增長。2017 年股權交割之後，集友銀行在新管理思維、新營銷文化的引領下，重拾增長動力，資產規模及利潤大幅提速增長。2017 年年底，集友銀行總資產達 841 億港元；2018 年，淨利潤為 10.02 億港元，總資產達 1029 億港元，實現「資產破千億港元、利潤破十億港元」的目標；2019 年，稅後盈利為 12.70 億港元，資產規模達 1499 億港元；2020 年，資產規模為 1635 億港元；2021 年實現稅後利潤為 11.22 億港元，資產規模達 1773 億港元，多項指標優於大部分香港銀行同業。

2021 年是「十四五」開局之年，厦門國際銀行實施華僑金融戰略恰逢其時。8 月，董事長王曉健在《中國金融》發表署名文章，指出：「隨着『一帶一路』深入實施，金融『出海』渠道建設日益完善，商業銀行海外業務也開始向東盟等『一帶一路』沿線國家傾斜，加之東南亞華僑華人數量眾多且愛國情結深厚，為商業銀行開展華僑金融等特色海外業務提供了優越的環境。」[①]2022 年 9 月 6 日，厦門國際銀行正式成立華僑金融部，同時確定了華僑金融總體發展策略。集友銀行作為這一戰略佈局的重要支點和旗艦蓄勢待發，承擔起新的使命和責任，駛向更加廣闊的海洋。

① 王曉健：《雙循環新格局下的銀行探索》，載《中國金融》2022 年第 15 期。

第三篇

經營貴有道

1959 年，集友銀行北角支行開業，香港集友銀行首任董事長陳六使（右三）與來賓合影

德輔道中 78 號香港集友銀行總行大廈（1962 年開始籌建，1967 年 1 月啟用）

歷史長河，奔流不息。80 年來，集友銀行，一家由愛國華僑出資起家的小銀行，始終審慎經營，銳意開拓，向下扎根，向上生長，枝繁葉茂，發展成為今天總資產超 1800 億港元，全行客户數突破 20 萬的精品銀行。集友人始終不忘陳嘉庚「以行養校、以行助鄉」的創行宗旨，面對困難不退縮，面對機會勇向前，書寫下集友銀行獨具特色的經營篇章。

第一章　華僑基因　一脈相承

「華僑金融」對於其他同業銀行而言，很可能是一個全新的詞語組合。但在集友銀行，這四個字是創行基因的一部分。

一方面，集友銀行草創之時，走出貧弱舊中國的南洋華僑，海外經營數十載，逐漸打開局面，積累財富；另一方面，他們的家人和祖國正飽受戰火摧殘，國難深重，民生困苦。誕生在特殊年代，暢通僑匯渠道，服務僑鄉僑民，使集友銀行底色鮮明；也使之後 80 載歲月的每個歷史轉折處，都能步履堅定，行穩致遠。

創行 80 年以來，集友銀行的「華僑銀行」的定位越發清晰明確，「華僑金融」的業務拓展範圍越發廣闊。時至今日，華僑華人客戶數占個人客戶總數近 30%，華僑華人資本佔比近 1/3，華僑金融業務量超 300 億港元。「華僑金融」基因歷久彌新，在新時代，集友銀行將繼續把「華僑金融」的基因發揚光大，打造「華僑金融」標杆銀行。

第一節　僑匯回國　暢通其道

「批」一封，銀幾許，跨越山海，輾轉歸鄉。

僑批是時代的特殊產物，是海外華僑寄至國內家鄉的匯款和家書。僑批代表的不僅是僑眷賴以為生的匯款，更是親人的殷殷思念。海外僑胞長年生活在异國他鄉，特别是在沒有先進通信手段的情況下，僑批成為他們與家鄉親人經濟與感情聯繫的重要紐帶。

陳嘉庚等老一輩南洋華僑，親身經歷過海外打拼的每一份辛苦，深刻理解這個人群獨特的金融需求。於是，集友銀行在創辦之初，便很自然地把僑匯業務作為主業。

只有回到歷史的現場，重溫華僑面臨的國際局勢和拳拳報國之心，才能理解這條僑匯之路的意義。

時鐘撥回到 1938 年秋，中國沿海各港口和交通要道相繼被日寇侵佔，雲南滇緬公路成了搶運戰略物資唯一的國際通道，被譽為「抗戰生命線」。1939 年，陳嘉庚領導一批又一批南僑機工，回國支援抗戰，保障了「抗戰生命線」的暢通。

與南僑機工一樣打拼在南洋的華僑，在戰後面臨另一重阻隔，翻開集友銀行的創行計劃書，不難一窺當時的情形：

> 旅外僑胞每年匯寄回國資金為數在萬萬元以上，國家銀行於南洋各屬，除大城市之外，尚未能普遍設立，僑胞內匯款項時須假手外人輾轉梗阻，受損匪淺。集友銀行擬在戰後於南洋各屬請准當地政府普遍設立分支行處，俾僑資內匯予以手續上之便利。①

回國支持抗戰的 5 年後，陳嘉庚倡辦的集友銀行，打通了僑匯回國的信道，用另一種方式為國家、為華僑貢獻力量，殊途同歸。

創行計劃書體現出集友銀行「便利僑胞匯兑」的初心，回望歷史，集

① 丁志隆：《集友銀行檔案選編》，福州：海風出版社，2008 年，第 47、48 頁。

友在計劃書中怎麼寫的，在現實中就是怎麼做的。

創立後不久集友銀行即開始擴大發展。第一家分支機構，應該選址在哪裏？

答案是東興和柳州，這個選擇既在意料之外，又在情理之中。

意料之外是因為，東興在當年隸屬廣東省，柳州則隸屬廣西，在福建創立的銀行為何要跑到廣東和廣西去開設分支機構？而且兩個城市並非廣州、上海這樣的一線城市。

而且設立時間之早，同樣出乎意料——1943 年 10 月，集友銀行在福建永安成立，同年 11 月，集友銀行東興辦事處和柳州辦事處就已經成立了。到了 1943 年 12 月底，已將設立廣西柳州辦事處業務計劃書、廣東東興金融經濟調查報告書交給財政部。

效率之高，目標之明確，如果細究背後的考慮，不難發現一切又都在情理之中。

翻開呈交給當時財政部的歷史檔案，可以一探究竟。

集友銀行呈交給財政部的《擬設東興辦事處業務計劃書》亦提及：「東興為防城縣要鎮，與越南之芒街隔江相對，太平洋戰事發生後，沿海交通斷絕，僑胞匯款回國雲集此地，故稱為溝通越南僑匯之橋樑，本行旨在溝通僑匯，扶助僑眷生產事業，擬劃撥營運基金國幣貳拾伍萬元於該鎮設立辦事處，定名為『集友銀行東興辦事處』。」①

在太平洋戰爭時期，東興和柳州都是僑匯回國的重要入口。光是東興，當時就有廣東省銀行、重慶的中國銀行、交通銀行、中國農業銀行和民營的華僑聯合銀行、光裕銀行等金融機構在東興設有辦事處。

---

① 丁志隆：《集友銀行檔案選編》，福州：海風出版社，2008 年，第 202 頁。

當時的東興，甚至有戰時「小香港」[①]之稱。因此這兩地是可以拓展僑匯業務，發揮華僑金融作用的好地方。

在草創時期，無論在永安、厦門，還是到了香港，僑匯都是集友銀行各項業務的重中之重，也是集友銀行有别於其他銀行的特色業務。

一如陳嘉庚當年募集南僑機工打通回國的物資之路，集友銀行在創行之初就一心要辦好僑匯，打通南洋華僑回國的金融信道，雖然方式不同，但背後是同樣一份情懷的體現和延續。

路，意味着聯通、交流，在抵禦外侮的戰爭年代，意味着一個民族的存亡；在遠隔千里的南洋，路，意味着鄉情和希望，疏通僑資僑匯回國的通道，無論對於華僑的小家，還是對於中國這個大家，都是如滇緬公路一樣的「生命線」。

第二節　僑匯業務　積極拓展

1947 年之後，戰爭導致經濟凋敝，使集友銀行的業務一度受阻。

1949 年 10 月 1 日，中華人民共和國成立，集友銀行迎來新發展。

新中國成立僅月餘，集友銀行厦門總行復業。一年之後，1950 年 9 月 29 日，集友銀行獲准增設上海分行。11 月 20 日，集友銀行上海分行開業。

厦門、上海兩行成為集友銀行「雙子星」，積極為僑匯奔走，業務規模迅速擴大，為新中國成立初期的建設貢獻力量。

① 王煒中：《僑批緣》，桂林：廣西師範大學出版社，2017 年，第 328、329 頁。

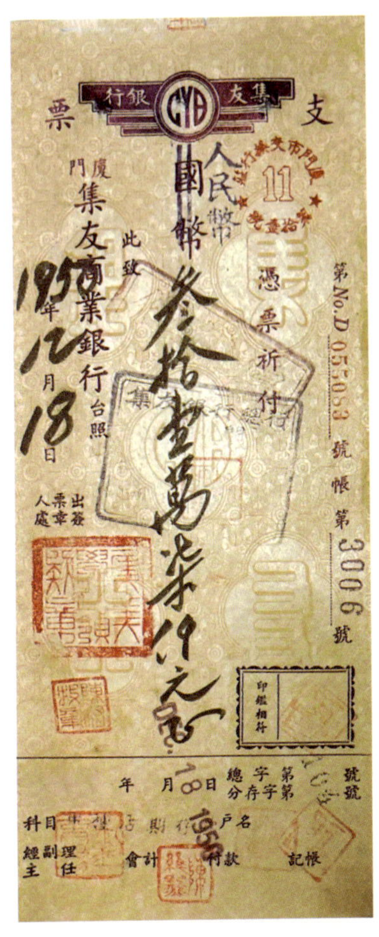

陳村牧鈐印的集友銀行廈門總行支票（原件由陳為民珍藏）

尤其是集友銀行上海分行，開業盛況的種種細節被集友人細心記下——開業當天就收到了近300個花籃，開設350餘個往來賬戶，共收存款50億元，雖然還是新中國成立初期使用的舊版人民幣，但也是一筆不可小覷的數目。

上海是中國最重要的商港之一，因此陳嘉庚非常看重集友銀行上海分行的發展。

邱方坤當年一手參與上海分行籌建，後出任上海分行經理。他說:「陳老（陳嘉庚）盼望集友銀行經營順利，為他籌集辦學經費助一臂之力。他對上海分行寄予更大的希望，認為上海是我國最大的商港，又是對外貿易的基地，外匯業務大有可為，可望有較好的獲利。」①

「大有可為」的業務，應該從哪裏開始？還是僑匯，而且在新中國成立初期，僑匯又要加上一層歷史使命。

邱方坤回憶，1950 年 8 月，他和陳嘉庚會面，當時集友銀行上海分行還在籌建期。

這次會面的氣氛跟往常有所不同，陳嘉庚鄭重其事地說：「周恩來總理說，今後我們國家要進行社會主義建設，需要外匯資金。他希望我號召華僑多寄僑匯，幫助祖國社會主義建設，這就是最好的貢獻。我一定按照總理的指示去做，號召華僑多寄僑匯是我應該做的，也是我能夠盡力做到的。」②

陳嘉庚還說：「但要號召別人多寄僑匯，先要從自己做起，我正好打算修復集美學校的校舍和擴建厦門大學的規模，需要很多資金，這主要靠向海外親友籌集。爭取僑匯既有利於學校建設，又有利於社會主義建設，一舉兩得。」③

這一席話也奠定了集友銀行上海分行的基調——辦好僑匯，支持建設。

① 邱方坤：《陳嘉庚解放後籌劃辦學經費紀實》，載《回憶陳嘉庚——紀念陳嘉庚先生誕辰一百一十周年》，全國政協文史資料研究委員會、中華全國歸國華僑聯合會、福建省政協合編，北京：文史資料出版社，1984 年，第 262 頁。

② 邱方坤：《陳嘉庚解放後籌劃辦學經費紀實》，載《回憶陳嘉庚——紀念陳嘉庚先生誕辰一百一十周年》，全國政協文史資料研究委員會、中華全國歸國華僑聯合會、福建省政協合編，北京：文史資料出版社，1984 年，第 258 頁。

③ 邱方坤：《陳嘉庚解放後籌劃辦學經費紀實》，載《回憶陳嘉庚——紀念陳嘉庚先生誕辰一百一十周年》，全國政協文史資料研究委員會、中華全國歸國華僑聯合會、福建省政協合編，北京：文史資料出版社，1984 年，第 258、259 頁。

集友銀行上海分行成立後，陳嘉庚首先落實周總理關於號召華僑多寄僑匯，幫助祖國社會主義建設的指示。陳嘉庚不遺餘力地向海外親友籌集資金，爭取僑匯，還親自寫信和海外親友聯繫，做好宣傳說服工作，備極辛勞。據估計，他前後爭取的僑匯在 3000 萬港元以上，這些錢通過集友銀行匯到國內。

據邱方坤回憶，集友銀行上海分行也在陳嘉庚的支持和香港集友銀行的密切配合下，大力開展僑匯業務，收益增加。「1953 年年終決算，頗多盈餘，乃從盈餘中為集美學校提供了一部分經費，聊以告慰陳嘉庚先生的關懷。」①

集友銀行上海分行排隊銅籌

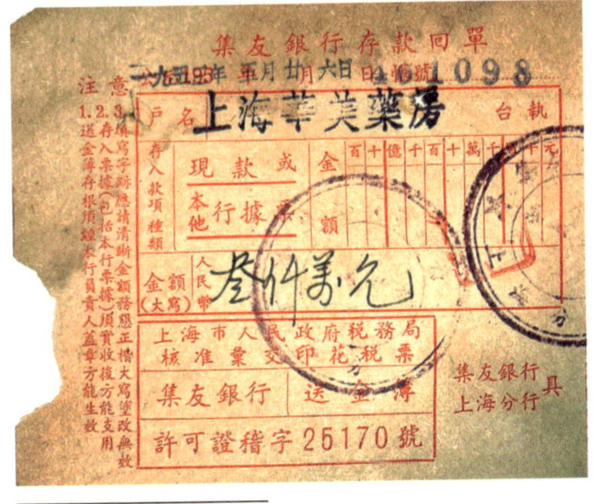
集友銀行存款回單
戶名　上海華美藥房
現款或本行據他　金額
上海市人民政府稅務局核准彙交印花稅票
集友銀行　送金簿
許可證稽字25170號
集友銀行上海分行具

1953 年，上海華美藥房在集友銀行的存款回單（原件由陳為民珍藏）

① 邱方坤：《陳嘉庚解放後籌劃辦學經費紀實》，載《回憶陳嘉庚——紀念陳嘉庚先生誕辰一百一十周年》，全國政協文史資料研究委員會、中華全國歸國華僑聯合會、福建省政協合編，北京：文史資料出版社，1984 年，第 263 頁。

不止陳嘉庚，他身邊的協助者也為集友銀行初期的僑匯業務貢獻頗多。林承志 1948 年加入集友銀行任協理，協助經理陳厥祥的工作，後來陳厥祥去往香港開設香港集友銀行，林承志則留在廈門負責集友銀行在內地的管理工作。據林承志女兒、女婿在《同舟共濟 振興中華——記林承志先生的生平》一文中回憶:「他利用自己的金融知識和海外關係，團結廣大華僑，多方爭取僑匯，其卓有成效的工作，深受金融界和政府有關部門的好評。」

通過歷史檔案，也不難看到集友銀行那些年積極拓展的步伐：

在集友銀行 1943 年業務報告中，提到「溝通僑匯繁榮地方經濟」，在開業僅 3 個月的短短時間內，就已解付省內外 13 個地區的僑匯款 553 筆 1800 餘萬元，尚有近 500 萬元在途解付款。①

在 1959 年度業務總結報告中，這一數字大幅增長：今年僑匯在銀行黨委直接領導和全行同志的共同努力下，迅速扭轉下降趨勢，做到穩定、鞏固並逐步有提高。當年累計匯入 3400 餘萬港元。②

由此可見，在集友銀行開業初期的數十年間，集友銀行一直在兢兢業業擴展僑匯業務。

然而，此時僑匯不僅有着早年間照顧僑眷等方面的意義，還凝聚着廣大華僑對新中國的美好願望和切實支援。在百廢待興的新中國成立初期，僑匯承擔着支持國內大量建設，為集美學校籌集教育經費等功用，不一而足。

① 丁志隆：《集友銀行檔案選編》，福州：海風出版社，2008 年，第 307 ~ 309 頁。
② 丁志隆：《集友銀行檔案選編》，福州：海風出版社，2008 年，第 427、428 頁。

第三節　政府關愛　支持維護

集友銀行蒸蒸日上，陳嘉庚最擔心的，還是未來這家銀行能否長久地履行它的使命——以行養校、以行助鄉。這在他與時任上海分行經理邱方坤的書信中可見一斑：「本校經費大半依靠港滬二行入息，茲如滬行失望，私立名義安能持久？」[①]

陳嘉庚為集美學校着想，一旦校費發生困難，最後只得送交政府接辦，改為公立，但不到萬不得已時，他不願拖累國家增加教育費負擔。他希望在有生之年，能盡力維持集美學校的私立名義，也正如他所說的：「與共存亡，不負初衷而已耳。」[②]

1954 年後，私營工商業進一步接受改造，集友銀行業務活動受到了一定的限制，影響所及，上海分行的存款偏多，放款偏少，外匯業務下降，陳嘉庚便希望政府可以接辦集友銀行。1954 年 12 月，陳嘉庚致函周恩來總理，請人民政府接辦集友銀行。1955 年 2 月又奉電催覆。不久，接到周總理覆電，問題得到圓滿解決。

陳嘉庚非常高興，親筆抄錄總理覆電全文，於 1955 年 3 月寫信告訴邱方坤。周總理給陳嘉庚的指示如下：

厦門、上海集友銀行事，仍繼續經營，業務上由國家銀行幫助，多分配一部分僑匯與放貸任務，保證集友銀行有利可圖，不使虧損。多餘人員

① 邱方坤：《陳嘉庚解放後籌劃辦學經費紀實》，載《回憶陳嘉庚——紀念陳嘉庚先生誕辰一百一十周年》，全國政協文史資料研究委員會、中華全國歸國華僑聯合會、福建省政協合編，北京：文史資料出版社，1984 年，第 263 頁。

② 邱方坤：《陳嘉庚解放後籌劃辦學經費紀實》，載《回憶陳嘉庚——紀念陳嘉庚先生誕辰一百一十周年》，全國政協文史資料研究委員會、中華全國歸國華僑聯合會、福建省政協合編，北京：文史資料出版社，1984 年，第 263 頁。

可安置在國家銀行。[1]

自此以後，厦門、上海集友銀行在國家銀行的領導和進一步照顧下，業務蒸蒸日上，逐月得利，年有盈餘，有力地支持了集美學校的發展。

1961 年陳嘉庚去世，到了 1972 年，受國內環境影響，厦、滬兩行發展再度陷入困境，無奈之下厦門總行和上海分行結束辦理業務，分別由中國人民銀行厦門分行、上海分行接管。

雖然在特殊歷史時期，集友銀行在厦門和上海的業務停止了，但「集友」這個招牌並沒有就此消失——

這要從 1983 年的金融體制改革說起，當年 9 月 17 日，國務院正式下發了《關於中國人民銀行專門行使中央銀行職能的決定》，提出「中國人民銀行專門行使中央銀行職能，不再兼辦工商信貸和儲蓄業務，以加強信貸資金的集中管理和綜合平衡，更好地為宏觀經濟決策服務」，同時決定「成立中國工商銀行，承擔原來由人民銀行辦理的工商信貸和儲蓄業務」。這樣一來，被中國人民銀行併入的集友銀行厦門總行，成了中國工商銀行的一部分，還在原先厦門海後路 27 號的「集友銀行總行」舊址對外營業，改名為中國工商銀行厦門集友儲蓄所，「集友」二字得以保留。

究其原因，一方面是集友銀行這塊由陳嘉庚倡立的金字招牌，要繼續傳承和發揚；另一方面則得益於集友銀行在街坊鄰里之中的名氣和口碑，幾十年來，集友銀行都扎根於此，「集友」兩個字時常出現在居民的口中，漸漸成了這裏的代名詞，就像街道名字一樣，完全融入了日常生活。

厦門海後路 27 號這棟大樓幾經變遷，名字由中國工商銀行厦門集友

① 邱方坤：《陳嘉庚解放後籌劃辦學經費紀實》，載《回憶陳嘉庚——紀念陳嘉庚先生誕辰一百一十周年》，全國政協文史資料研究委員會、中華全國歸國華僑聯合會、福建省政協合編，北京：文史資料出版社，1984 年，第 264 頁。

儲蓄所先後改為中國工商銀行廈門集友分理處、中國工商銀行廈門集友支行。直到 2016 年，變更為中國工商銀行股份有限公司廈門嘉禾支行，「集友」二字作為滿懷一代人記憶的「地名」似乎就此落幕。

但其實「集友」從未在廈門的土地上消失。1947 年在香港設立的香港集友銀行在改革開放初期的 1984 年 5 月又重回嘉庚故里——廈門，選址廈門華僑新村「華新路 35 號」設立代表辦事處，並於 1986 年 1 月遷址中山路 444 號新僑酒店升格為廈門分行，一直展業至今，並不斷擴大經營規模及分支網點。

兩條集友銀行的發展脈絡在陳嘉庚的故鄉廈門交接傳遞。

第四節　華僑金融　發揚光大

時光飛逝 80 載，走進集友銀行在香港中環的大樓，所感受到的窗明几淨以及現代化的辦公設施，跟創建之初的小小門市已不可同日而語。

然而有些東西從未改變。80 年前，在集友銀行最早的福建永安的門市，進進出出的很多客戶，有着同一個身份——華僑。

2022 年 12 月 16 日，也是一位華僑客戶走進集友銀行大廈，簽下了一項貸款項目，上額（給予授信額度）高達 3.9 億港元，放款也達到 1.1 億港元。

這個華僑老客戶自 1998 年以來一直以集友銀行作為主要往來銀行，充分認可集友銀行的「華僑金融」品牌。為了不辜負這份期待，集友銀行企銀條線，下定決心服務好這位華僑金融老客戶。他們克服困難，為了這個項目，跟進了三年——三年中歷經了三次提審，自 2022 年 10 月重新啟動該項目提審以來，與客戶積極溝通項目方案，與跨部門同事逐個擊破項目難點，與部內同事設定目標，其利斷金，兩周內完成公證轉遞、辦理抵押、完成放款等手續，憑借專業與效率贏得客戶信任，取得兩地律所好評，積累跨部門快速協作經驗，為未來全面鋪開華僑客戶的合作奠定良好基礎。

事後這位老華僑感慨，祖國在發展，時代在進步，集友銀行服務華僑的初心始終沒變，不愧是「華僑領袖」陳嘉庚先生創立的銀行。

在集友銀行，這樣長期服務的華僑客戶不在少數。厦門姚明織帶飾品有限公司專業生產高質量滌綸絲帶，出口至全球 100 多個國家和地區。企業負責人姚明是厦門僑商會名譽會長，2018 年獲得《全球華人風雲錄》全球十大傑出華人風雲人物。該公司從 2004 年創辦伊始就在集友銀行厦門分行開戶結算往來，是集友銀行的忠實客戶，與集友銀行已經有將近 20 年的業務往來。該公司每次擴大規模，抑或註冊新公司，均選擇與集友銀行合作，始終與集友銀行不離不棄。該公司還積極響應國家「一帶一路」倡議，2014 年，姚明織帶在印度東部城市維沙卡帕特南建立工廠，開展出境加工業務，解決了數百名當地人的就業問題，成為福建僑企「走出去」的典範。集友銀行的服務亦緊隨客戶，積極配合該集團印度公司的國際貿易結算，並根據該公司出口經營模式，積極配套授信支持其出口融資。

通過這些例子，我們不難追溯 80 年前創行者們的想法。他們從第一天起就清晰地表明，這將是一家什麼樣的銀行。1943 年在福建永安創立時，提交給財政部關於設立福州辦事處的呈文中，即明確提出福州辦事處五大業務定位和方向：鼓勵僑資內移、扶植僑辦生產事業、舉辦教育貸款、辦理僑眷儲蓄、倡辦票據貼現。[①] 五個方向，大多與華僑息息相關，定位不可謂不明晰。

---

① 丁志隆：《集友銀行檔案選編》，福州：海風出版社，2008 年，第 218 ~ 220 頁。

比如在收解僑匯方面，在當時時局動蕩的情形下，此舉社會意義非凡——集友銀行開辦後，先在福建永安，繼而陸續在廣東東興、廣西柳州、福建泉州等僑區廣泛設立辦事處，又計劃在南洋各屬請准當地政府普遍設立分支行處，為僑資內匯給予手續便利。

僑資內匯，轉而投資各項生產事業，成為有益社會的生產資金，穩定了金融市場和社會秩序，對促進經濟社會發展也產生了積極影響。

在動蕩之時，開辦企業舉步維艱，但生產事業對國計民生和抗戰大業意義重大。集友銀行建立後，利用從華僑那裏吸收的存款，積極協助生產事業發展。凡是對民生有裨益的產業，或產物抵押，或投資共營，提供一切便利幫助企業維持生產經營，對有名望的廠商還提供透資往來優惠，使其可以靈活運用資金參與競爭，充分活用資源，幫助一批企業活下來，做大做強。

吸納華僑資金，幫助華僑企業發展，集友銀行作為一家「華僑銀行」的名聲逐漸流傳開來。

集友銀行在「服務華僑」的基礎上，進一步延展自身的角色——恰如香港將自己定位為國家發展的「超級聯繫人」，集友銀行也借由僑資銀行的基礎和人脈，扮演起南洋華僑與祖國之間的「超級聯繫人」，聯繫僑商，鼓勵僑資內移，便利僑胞匯兑，建立僑資與祖國建設聯繫。

聯繫華僑，首先，集友銀行有人脈之利。集友銀行發起人和主要經營人員皆為廈門大學或集美學校校友，兩校散佈南洋各地的校友不僅多擅長專業技術，且具有鄉親之誼，與當地僑胞關係特別密切，聯繫便利。

其次，集友銀行有了解國內情況之利。尤其是改革開放後，針對國內各項生產建設事業開展翔實調查，方便僑胞諮詢、選擇，並隨時給予投資協助，竭力為僑胞籌劃指導，提供各種便利，一定程度上促成了僑資有計劃地踴躍內移，鼓勵僑胞攜資歸國創業。

在抗戰年代和新中國成立之初，中華大地無處不是飽經戰爭創傷，百廢待興的河山、中華民族復興的事業，都牽動着南洋華僑們的心。如何才能幫助祖國建設，讓家鄉人過上好日子？

教育強國！海外僑胞出洋多年，看到知識的力量，特別熱心教育。華僑們在國內創設眾多中小學校，集友銀行的倡辦人陳嘉庚更是其中的佼佼者。然而捐建的學校經常面臨一種困境——所需辦學經費多由當事人隨時在南洋籌集，一旦遭遇人事變遷，學校立即蒙受影響，甚至停學關校。

針對這一情況，「服務華僑」的理念由此深化，本着為華僑們捐資助學，提供完善、先進的金融服務——集友銀行開辦後，開設教育基金存戶，付給優厚利息，熱心教育的僑胞大量捐助內匯，委託集友銀行代為長期打理教育基金，細水長流捐資助學。

時至今日，集友銀行在傳統業務之外，積極抓住新時代的新機遇，將自身的「華僑基因」與國家「一帶一路」倡議相融合，特別注重加強與沿線國家和地區僑團僑社的聯繫，開展多方位服務，助力「一帶一路」沿線國家發展。

為此，集友銀行高級管理層多次出訪東南亞地區，拜訪菲律賓、印度尼西亞、馬來西亞、緬甸、柬埔寨等地主要華人商會、福建同鄉會及宗親團體等，通過在當地舉辦大型的財富管理講座、融資研討會及座談會，與華社僑領及當地工商業代表交流，爭取華僑客戶理財業務，挖掘企業融資商機，加強宣傳集友銀行的華僑業務形象，在國家「一帶一路」倡議的大格局下，發揮自己獨特的一份力量。

不僅在東南亞越走越遠、越走越細，集友銀行在內地的存在感近年來也急速提升。依託母行廈門國際銀行的雄厚實力，集友銀行服務華僑內地投資經營的能力也空前加強。

2021 年以來，深圳分行上下一致、勠力同心推動華僑金融授信發生額達 28 億元人民幣，持續強化為華僑華人提供金融服務的能力，助力集友銀行華僑金融事業蓬勃發展。

2022 年 8 月 31 日，隨着深圳本地一個優質華僑金融項目 2 億港元的鏗鏘落地，深圳分行華僑金融授信餘額一舉突破 50 億元人民幣。

2022 年 9 月，集友銀行將創建 80 年來的服務華僑的理念、經驗和熱情匯集在一起，成立了跨境業務與華僑金融部，負責華僑華人客戶的廣泛聯繫。這個嶄新的跨境業務與華僑金融部秉持「專注服務華僑華人、廣泛團結僑胞僑眷」的初心和使命，緊密圍繞「客群、渠道、機制、服務、品牌」五個方面，努力構築「聚僑胞、拓僑道、建僑制、優僑服、樹僑牌」五大體系。不僅如此，集友銀行成立這個部門，還希望它能在實踐中不斷地探索總結，並逐步提煉出具有集友銀行特色的華僑金融服務標準，並向社會公開發佈，積極承擔服務華僑華人的社會責任，打造華僑金融優選銀行。

跨境業務與華僑金融部也將依託多年以來在東南亞地區積累的良好口碑，持續弘揚「嘉庚精神」，繼續走出中國香港本土，聯絡在新加坡、印度尼西亞等地的涉僑客戶及企業，為國外僑民及僑企提供更優質的金融服務。

集友銀行厚植「華僑基因」，多年來秉持「以僑引僑，以僑帶僑」的理念為海內外僑胞提供優質金融服務，旨在發展華僑金融、賦能華僑華人經濟圈高質量發展。在新時代，集友銀行的獨特基因，將有更大的舞台、更重要的責任，集友銀行決心推進華僑金融邁向高質量發展的新台階，助力僑務工作，形成共同致力民族復興的強大力量。

第五節　再闖南洋　逐浪啟航

無論是80年前，還是80年後，華僑華人都是祖國發展的重要力量，危亡之際，他們傾盡全力，救亡圖存；面對發展之機，他們勇於冒險，做第一批吃螃蟹的人，助力改革開放新時代。

如果華僑領袖陳嘉庚能夠見到今日的局面，一定會感慨萬千——老一輩華僑篳路藍縷，離開貧弱的家鄉，下南洋常常只是為了過得好一點，難言打造什麼基業。今日，中國崛起，成了世界第二大經濟體。現在的中國人、中國企業、中國資金，帶着共建人類命運共同體的偉大使命，再下南洋，搭乘着「一帶一路」的巨輪，聯通世界，創富世界。

雖然陳嘉庚未能一睹盛景，但他創建的集友銀行，已歷80載風雨，真真切切地經歷過這場史詩般的歷史變遷。

早期，集友銀行服務漂泊异鄉的華僑，幫助他們把一封封帶着囑託和血汗錢的僑批送到家中；現在，集友銀行又陪着一個個企業「走出去」，響應國家「一帶一路」倡議，為他們外出闖蕩「保駕護航」。

漳州市華威電源科技有限公司就是集友銀行厦門分行一直在「保駕護航」的企業客戶之一。該公司在泰國設廠之際，因境外需要大量外匯資金，集友銀行迅速啟動內地與香港聯動機制，先由集友銀行厦門分行開出備用信用證，再由集友銀行總行在香港放款用於支持其泰國公司基建及原料採購，其泰國公司獲得充足的資金後，順利建成較大規模的生產基地，有效地帶動了該公司的產業升級。目前，該公司在泰國已擁有較大規模的工業園區，是福建省「一帶一路」的海外標杆企業，也是泰國當地規模較大的中資企業，頗受泰國政府重視。

2020年1月，泰國當地政府多名官員組團來福建考察該公司漳州總部，集友銀行厦門分行聯手財稅機構卓瑞企業和該公司一道舉辦了「走進泰國——『一帶一路』跨境投融資經驗研討會」，和泰國政府及泰國廣州、厦門領事館一起，為國內60多家有意向前往東南亞投資的企業提供經驗分享，現場解答了中資企業「走出去」的財稅安排、跨境融資等諸多專業問題，有效地響應國家「一帶一路」倡議。

2020年1月，集友銀行舉辦「走進泰國——『一帶一路』跨境投融資經驗研討會」

為了更好地服務此類已經「走出去」或者即將「走出去」的企業客戶，也為了更好地聯繫和深耕東南亞華僑客戶群體，當集友銀行要制定國際化戰略時，自然會朝南看去，把目光投向當年華僑拼搏過的地方。集友銀行一直以來闖蕩南洋的熱切希望，隨着自身實力的提升，正在漸漸由「渴望」變成「可能」。

1988年，集友銀行在走出香港，努力回到內地的同時，也打算向南發展。集友銀行在那一年的工作概況報告中寫道:「我行與東南亞華僑有深遠歷史淵源，近年來我行也不斷加強與海外華僑的聯繫，獲不少閩籍華僑之讚賞，為進一步提供對海外華僑的服務，擴大我行的影響面，擬首先研究在菲律賓設置辦事處或分行的可能性。」在1995年業務工作報告中，集友銀行再次提到積極洽商在菲律賓開設分行或收購當地銀行的可能性。

1997年，借香港回歸及亞洲金融危機各方關注，集友銀行首次在菲律賓舉辦九七香港經濟研討會，活動形式高雅，頗受當地華裔商界歡迎。研討會圓滿成功，既宣傳了香港，又提高了集友銀行在東南亞的知名度，擴大了與華僑的聯繫面。

到了21世紀，集友銀行也順應銀行業整體發展，提升自己的同時，更加頻密地聯繫東南亞華僑。2000年，集友銀行抓住網上銀行服務條件日趨完備的趨勢，立刻運用此項能夠突破時空限制的服務媒介，積極開拓東南亞華僑的理財服務，通過派員到菲律賓舉辦「e-banking財富增值研討會」，展示網上銀行增值理財服務，不但提升了集友銀行的先進專業形象，亦加強了與新一代華僑的業務聯繫。2003年，將集友銀行原有的華僑服務部轉變為「海外客戶理財中心」，積極主動出訪，加強與東南華僑客戶的聯繫。2005年，組織了一次較大規模出訪菲律賓的活動，並計劃於2006年出訪印度尼西亞，客戶經理則定期拜訪重點客戶，加強產品營銷。2015年，管理層出訪菲律賓、馬來西亞、印度尼西亞等東南亞國家，深化與當地商會僑領及宗親團體的往來關係。

1994 年，時任集友銀行總經理吳文拱（右一）等訪問印度尼西亞

2000 年，集友銀行在菲律賓舉辦「e-banking 財富增值研討會」

2015 年，集友銀行「菲律賓華僑跨境商貿服務交流團」合影

2019 年，集友銀行行政總裁鄭威（左一）拜訪馬來西亞陳嘉庚基金會

集友銀行雖然在不斷地聯絡關係，熟悉情況，但在重重障礙下，其在東南亞開設分行的願望一直未能實現。直至成為厦門國際銀行一員之後，集友銀行五年間大幅發展，眼界和實力都快速提升，開拓東南亞市場再次被提上議程。

2021 年 9 月底，集友銀行正式展開東南亞區域機構籌備工作，一方面就馬來西亞、印度尼西亞、新加坡設立機構的市場准入、政治環境、客戶群等進行廣泛調研；另一方面與馬來西亞及新加坡當地華僑取得聯繫，深入研究在該國設立機構的政策和可行性。

未來，集友銀行將「取長補短」，抓住國內經濟發展的機遇，立足香港，輻射內地和東南亞，發揚集友銀行服務華僑的優良傳統，推動集友銀行在新時期煥發蓬勃的生命力。

在傳承的基礎上，創新、發揮粵港澳大灣區「三個關稅區、三種貨幣、三種法律制度」和香港國際金融中心的獨特優勢，下大力氣服務國家戰略，聚焦「一帶一路」，打造華僑金融優勢，跟隨陳嘉庚帶領華僑華人服務祖（籍）國建設的光輝路徑，重走嘉庚路，完成內地主要中心城市和「海上絲綢之路」沿線，尤其是東南亞主要國家的戰略佈局，成為「海上絲綢之路」的精品銀行。

第二章　扎根香港　貼近市民

抗日戰爭結束後，中國內戰烽火再起，局勢動蕩。

在此背景下，1947 年 4 月 24 日，集友銀行獲批准在香港註冊成立。1947 年 7 月 15 日，集友銀行在香港開業，成為香港第 39 家持有牌照的銀行。

動蕩年代對很多人而言，生計都成問題，更何況開設一家銀行。但集友銀行如果辦不下去，意味着集美學校辦學資金就成了問題。

彼時香港雖具對外開放之便利，但遠非今日金融中心的盛景。集友銀行雖然開門營業，但若想長期存續發展，不僅需要集友人的堅持和勤力，更需要時代所賦予的機遇。

20 世紀四五十年代，內地大量資金涌入香港，對金融服務的需求快速提升，各類銀行如雨後春筍般出現在香港。其中，集友銀行由於已有厦門、上海兩行，在香港成立初期則主要經營匯兑業務，辦理內地兩分行的轉匯工作，至 1950 年後，方開始正式經營銀行一般業務。

至此，集友銀行在香港扎下根來，跟正在興起的遠東金融之都，一起成長。

第一節　立足香港　摸索成長

現如今無論身處香港哪個區，都能看到集友銀行紫紅色招牌，頗為醒目。

不過如果走在 1947 年的香港街頭，是很難見到集友銀行的招牌的，因為當時集友銀行尚沒有對外服務，只在中天行 406 室開設了一間辦公室，主要辦理厦門和上海的轉匯款工作。

三年後，1950 年 4 月，集友銀行為了開設對外服務，行址由中天行遷至香港雪廠街 10 號舊顯利大廈地下（今新顯利大廈）。此時，集友銀行發展步入快車道，開設存款、放款、僑匯、信用狀、代理保險等業務，往來戶數逐年增長。

集友銀行當年在香港中環雪廠街 10 號行址

集友銀行當年在香港中環雪廠街 10 號的營業廳

20 世紀 50—60 年代，集友銀行排隊銅籌

20 世紀 50 年代初，集友銀行在香港的快速發展離不開時代大背景。當時，中國內地大量資本和人才的涌入，使香港在極短時間內完成了資本積累；與此同時，香港轉型發展實體經濟，為銀行業帶來了巨大的業務需求和發展空間。香港銀行業由原先以押匯、僑匯及匯兑為主，轉向提供更多元的業務，尤其是為制造業和新興的房地產業提供貸款，增長顯著。無論是實力雄厚的外資銀行，還是初有起色的本地銀行，都在香港 50 年代這輪發展中獲得機遇，集友銀行也不例外。

1952 年，集友銀行獲准為外匯銀行公會會員及香港銀行票據交換所會員行，是當年 22 家直接交換行之一。

1959 年 8 月，集友銀行獲准為外匯授權銀行，即向英國倫敦匯豐銀行開立外幣存款戶，直接經營外匯進出口業務，並建立海外代理行關係。

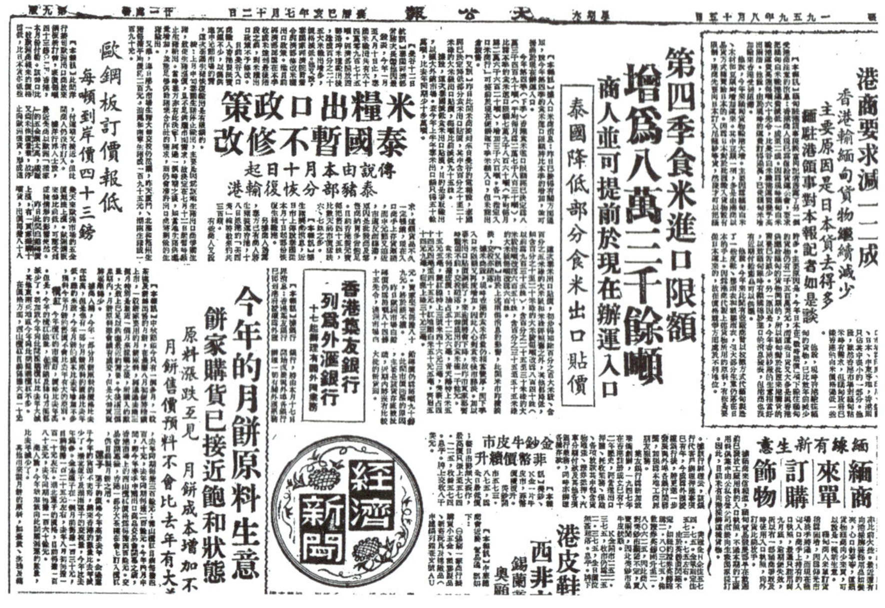

大公報

港商要求減一二成

第四季食米進口限額 增為八萬三千餘噸

商人並可提前於現在辦運入口

泰國降低部分食米出口貼價

米糧出口政策 泰國暫不修改

傳說由本月十日起 泰豬部分恢復輸港

歐鋼板訂價報低 每噸到岸價四十三鎊

香港集友銀行 列為外滙銀行

今年的月餅原料生意 餅家購貨已接近飽和狀態

緬商有緣來單 訂購飾物

1959 年 8 月 15 日，《大公報》關於集友銀行列為外匯銀行的報道

1962 年，香港銀行票據交換所為提高效率，將直接交換行由原來的 25 家減至 16 家，集友銀行仍在 16 家中保有一席之地。

如果說，集友銀行依託香港逐年擴展的業務，是猶如日漸粗壯的枝幹，那麼集友銀行一步步在香港擴張網點，則如同密集的根系，深深地、細密地扎入香港的沃土之中。

1959 年 11 月，集友銀行自置行址，在香港開設了本行第一家支行——北角支行，擴大服務範圍。

1960 年 1 月，集友銀行在九龍漆咸道 240–242 號地下自置行址，開設本行在九龍區的第一家支行——紅磡支行。

可以說，集友銀行在香港的初創時期，乘着香港經濟的起飛，業務小有起色，規模也在不斷壯大，通過穩扎穩打地經營，獲得了一定的成長。

20 世紀 60 年代，集友銀行敢為人先，專門聘請了留英兒童教育家，大力推廣「兒童儲蓄」和「婦女儲蓄」業務。不僅推出相應的宣傳廣告，鼓勵婦孺儲蓄，養成良好習慣，還設計並鑄造精美的儲蓄箱致送女性客戶，深受女性客戶的喜愛。

集友銀行

婦女儲蓄

利息優厚　提存簡便
服務忠誠　歡迎垂詢

為姊妹們解決經濟問題
使衆家庭臻於幸福快樂

集友銀行關於「兒童儲蓄」及「婦女儲蓄」的廣告

此外，在新春佳節之際，集友銀行還設計及印制了一系列新年紅包袋，封套採用紙質及膠質，除印有新年賀詞之外，更借此向客戶傳遞「儲蓄是治家之本、致富之道」的理念。

本着服務社會與家庭的宗旨，集友銀行還精心編印了《家庭寶庫》一書致送客戶，該書 200 餘頁，文字約 20 萬字，涵蓋內容豐富，包括家庭佈置、生活情趣、健美常識、社交生活、烹飪裁剪、醫藥衛生、兒女教育等，都是切合當時家庭日常的生活須知。

集友銀行編撰的《家庭寶庫》

一系列的業務宣傳和推廣讓集友銀行的婦女及兒童儲蓄業務大獲成功，很多女性客戶以獲得集友銀行的儲蓄箱為榮，極好地提振了集友銀行的品牌和名氣。

由集友銀行設計並鑄造的精美儲蓄箱

不僅業務取得了成功突破，在那個年代開展及推廣此兩項業務本身，就有着非常積極和深遠的社會意義。

20 世紀 50—70 年代，香港社會及經濟有很大轉變，工業取代農業，大量工作機會出現，使得女性在經濟社會中的參與度大增。也是在那個時期，出現了大量「工廠妹」，她們由依賴家庭到在經濟上貢獻家庭，地位大大提高。她們在經濟上獨立起來，可以以個人的意志選擇未來的路，不再只能是舊社會妻子和母親的角色。

在這個女性社會角色日漸多元的時代背景下，集友銀行推出「婦女儲蓄」，在當時的香港有着非常積極的社會意義。一方面，對於剛剛進入社會的女性來說，可以提高她們的儲蓄意識，多為自己的未來發展作打算；另一方面，對於仍以照料家庭為主業的女性來說，提高儲蓄意識，讓她們能夠更好地經營自己的家庭，讓整個家庭更加幸福向上。正如當年集友銀行婦女儲蓄業務的廣告語所言:「為姐妹們解決經濟問題，使眾家庭臻於幸福快樂。」

雖然集友銀行依然努力地在香港積極拓展各項業務，但是進入 20 世紀 60 年代，整個香港金融業暗流涌動，危機浮現，如何在逆流中站穩腳跟，也將考驗這家剛剛經歷十年快速發展的新興銀行。

第二節　街坊銀行　靈活親切

如果說在潮起潮落的香江之畔扎下根來的集友銀行像一棵小樹，那麼在 1970 年加入中國銀行後，集友銀行更像在一片樹林之中，共同櫛風沐雨，枝繁葉茂。

吳文拱在集友銀行任職 40 餘年，並於 1992 年至 2012 年就任集友銀行總經理。他感慨，加入中銀大家庭，幫助集友渡過風高浪急的時代潮涌，中銀從政策、資金、人員和業務等多方面鼎力支持集友銀行，其中最突出的，要數充實資本、業務拓展和開設分行三項。

集友銀行與中銀最初結緣是在 1970 年——中銀增資 500 萬港元，以充實集友銀行的資本。

1978 年 8 月，為了擴大經營和提高聲譽，集友銀行資本額從 1000 萬港元增到 3000 萬港元，新增的 2000 萬港元中，有 1000 萬港元來自盈餘積累，按比例分給各股東作為紅股，其餘 1000 萬港元由各股東按比例認購，一部分私股股東放棄認股，由中國銀行香港分行補足。但很快發現，如此規模的增資還是不夠。香港在 1982 年 8 月重新規定一家銀行的最低實收資本為 1 億港元，中國銀行香港分行再度增資集友銀行。

業務發展上，集友銀行也在香港中銀的庇護下茁壯成長。舉例而言，從 1979 年開始，中國銀行實行儲蓄存款計算機化，旗下 13 家銀行提供聯機服務，以「一本存摺在手，十三間銀行有戶口」為宣傳口號，作為成員行之一的集友銀行能够為客戶提供便捷的銀行服務，有利促進了業務的發展。

分行建設上，在中銀入股之前，集友銀行僅有北角、紅磡兩家支行（後改為分行），在中銀入股之後的 20 世紀 70 年代，集友銀行就開設了觀塘、灣仔、深水埗、新蒲崗 4 家新的分行。到 2008 年，集友銀行香港本地分行已經擴展到了 24 家，實現了香港重點地區全覆蓋。2009 年 3 月，集友銀行在厦門開設了集美支行。2012 年 12 月，厦門觀音山支行開業，集友銀行進一步開拓內地的客戶群，持續發揮內地分行優勢。

資本、業務、分行，三箭齊發，集友銀行進入發展的黃金期。到了 1986 年，集友銀行資產總值已經比 1969 年增長了 47 倍。時任集友銀行董事長陳光別在《香港集友銀行創辦四十周年紀念特刊》中謙遜地表示：「對香港的經濟發展，對祖國的四化建設盡了一份力量；對集美學校也盡到了一定義務；對海外華僑、香港各界人士能更好地提供服務。」[①]

業務不斷壯大，但在銀行林立的香港，如何找准自身定位，差异化競爭，才是長遠之計。經過持續探索和調整，集友銀行逐漸把改革重心放在提高和優化服務質量，以及加強與客戶的緊密關係之上，逐漸形成「靈活、高效、貼身」的集友銀行服務特色。

在香港，如果請一位香港市民形容集友銀行，他可能會說，集友銀行是一家親切的「街坊銀行」。

時任集友銀行總經理孫鴻基在1990年度工作概況報告中有記錄:「年內向全體同仁提出『全行力求成為所在地區最優的銀行』及『集友服務，更勝一籌』的號召，進一步深化良好服務，改善我行對外形象。」而根據1994年度業務工作報告的紀錄，那一年集友銀行也在加強支行與區內街坊的聯繫和積極參與當地社團活動，借此與坊眾建立長遠關係，在地區內生根發展，豎立起「街坊銀行」的形象。客戶對集友銀行來說亦客亦友。

在企業銀行業務上，集友銀行也踐行同樣的理念，服務好中小企業客戶。2001年總經理業務報告中提出：中小企業乃本行的主要對象，本行的目標是成為「中小企業首選銀行」，向其提供靈活貼身的服務，為企業客戶推出靈活的融資產品，如機器設備貸款、發票貼現及流動資金類的貸款等。在集友銀行「知難而上，變革求進」的中期策略規劃（2003—2006年）中也明確了目標客戶為中小企業，配合工商企業客戶進入內地市場開拓業務，自始至終都在踐行「靈活、高效、貼身」的服務原則。

吳文拱總結道，集友銀行是一家中小型銀行，要找准自己的定位，與銀行同業差异化競爭，才能贏得一席之地。「我們最大的優勢就是靈活，

---

① 陳光別：《四十年曆程回顧》，載《香港集友銀行創辦四十周年紀念特刊》，第5頁。

同時我們的服務又很快捷、高效，為客戶提供個性化服務，是我們的核心競爭力。」

通過常年經營，集友銀行與客戶形成了親切而信任的關係。

1997 年，香港回歸祖國，這一年，恰逢集友銀行在香港創立 50 周年。根據當年業務工作報告的紀錄，集友銀行舉辦了盛大的慶祝晚會。「為慶祝我行成立 50 周年，在『會展中心』新翼舉辦以『集友與您共成長』為主題的慶金禧晚會，獲得 1300 位社會賢達各界友好及客戶良好響應和共鳴，節目別具心思，客戶參與演出，洋溢一片銀行與客戶水乳交融、風雨同舟共拼搏的歷史縮影。」集友銀行與客戶的良好親密關係可見一斑。

這些探索帶來超額的收益，體現在 1997 年的集友銀行業務工作報告中，「近年來，我行成本收益率均優於同業的 38% 的水平，這體現我行一直是香港最具成本效益銀行之一。1997 年成本收益率為 20%，比 1996 年的 22.5% 再創新低，成為最低歷史紀錄」。

背靠中銀，集友銀行努力生長，幾十年來，形成了穩健的經營策略，建立了積極開拓的思維，提出並踐行了「靈活、高效、貼身」的服務原則，業務蓬勃發展，客戶鼎力支持，終於開花結果，開創了屬於自己的輝煌。

「親切・靈活・貼身・專業」，是集友銀行使用至今的服務理念。一路走來，一路開拓，集友銀行扎根香港，服務客戶的定位和初衷從未改變。

隨着時代的發展，集友銀行的客戶分層和服務也在不斷與時俱進。2021 年，集友理財 SELECT 品牌創立，立足做好高淨值客群的服務，為高端客戶群體做好更細緻化、更個性化的貼身服務。集友理財 SELECT 經過一年的發展，至 2022 年高淨值客群市場迅速擴張，理財戶數增長迅猛，超額完成指標，集友理財 SELECT 成功打響高端服務品牌，同樣也貫徹了集友銀行「靈活、高效、貼身」的服務原則。

第三章　服務桑梓　聯通閩港

看到「集友」兩個字，厦門人可能不由得產生親切感。因為倡辦人陳嘉庚是厦門集美社人，不難理解「集友」這個名字蘊含的家鄉情緣。

集友銀行建立的目的就是「以行養校、以行助鄉」。陳嘉庚在創行早期給次子陳厥祥寫信，後者時任集友銀行總經理，信中陳嘉庚明言，不管銀行盈虧，集友銀行每年要給集美學校委員會建築費用 12 萬港元。可見這份鄉情已深深融入這家銀行的基因之中。

「重鄉情就是集友銀行最大的特色。」集友銀行前董事兼副總林經緯一畢業便進入集友銀行，在集友銀行工作了 21 載，他始終認為:「集友這種『重鄉情、富人情味』的特色，不是一般大型銀行可以比擬的。」① 从 2015 年起集友銀行每年舉辦閩南語培訓班，鼓勵員工多用閩南語與福建客戶交流。事實上，閩籍客人也表現出對集友銀行天然的親近感，源於福建、扎根香港的集友銀行順理成章地架起聯通閩港的橋樑。

數字更有力地證明這一點：成立 80 年以來，集友銀行為超過 5 萬戶福建客戶提供金融服務，閩港聯動投融資業務超百億港元，服務福建省企業國際結算業務量超 300 億港元。

---

① 《集友銀行七十周年紀念特刊》，第 112 頁。

第一節　生於福建　長於香港

聯昇集團主席莊瑞傑和集友銀行有着深厚的淵源。

1961 年，莊瑞傑與母親從福建初來香港。早在此前，他的父母就已經是集友銀行的客戶。莊瑞傑記得當時身在菲律賓的父親通過集友銀行定期匯款來香港，而母親就在集友銀行北角分行辦理僑匯手續。他說，集友銀行對於他們家鄉、福建人來說感覺最為親切，服務最為貼心——他憶述當年時有客戶經理上門協助其辦理匯款手續，何時到期、何時匯款都有專人提前通知他，事事關顧其需要。

而這樣一種鄉情是代代相傳的。

莊瑞傑自己在香港經營的業務，也自然而然地選擇源自福建的集友銀行作為合作夥伴，不少生意上的投資，集友銀行都予以支持，合作無間。在《集友銀行七十周年紀念特刊》中有記錄：「記得當時我在香港發展的第一個房地產項目是在紅磡區，那時集友銀行讓我的售樓書放在紅磡分行，無條件為我的項目作推廣。」[①] 至今，莊瑞傑在投資上的資金調配，集友銀行仍為他作妥善安排。

對莊瑞傑來說，集友銀行是一家人情味濃的銀行。他期望集友銀行未來可以進一步團結福建鄉親，繼續為他們提供像家人、像朋友般的關懷與扶持，並以開放而穩健的步伐發展，充分發揮「鄉親情濃、人情味重」的獨特色彩。

而莊瑞傑小時候，媽媽辦理僑匯的集友銀行北角分行，正是集友銀行在香港開出的第一間分支行。

1959 年 11 月，集友銀行在北角英皇道 412–414 號地下自置行址開設

① 《集友銀行七十周年紀念特刊》，第 115 頁。

北角支行，而選址在此，正是因為在香港，北角有「小福建」之稱。

福建省与海為鄰，不少福建人早年間就已漂洋過海外出謀生，香港開埠後便有不少福建人來港經商。新來港的福建人由於言語不通，為了互相照應，大多數住在北角，如新都城大廈、僑冠大廈和美侖大廈等。1962 年，旅港福建商會亦搬至北角，四年後在渣華道建成福建中學新校舍。在北角居住的福建人和福建社群越來越多，因而北角也被稱為「小福建」。

作為一家創立於福建的銀行，集友銀行把在香港的第一家分支行設立在「小福建」，可以說是合情合理。

由此刻開始，集友銀行致力於服務好聚居北角的閩籍客戶，長期的貼身服務也贏得了閩籍客戶的青睞。甚至在集友銀行內部，也匯集了一眾閩籍華僑和鄉賢，其中還有不少是厦門大學和集美財經學院的老師和畢業生，他們為集友銀行的發展和經營付出了心血和青春。

閩港情緣，在改革開放後進一步深化和拓展。20 世紀 80 年代，集友銀行在內地設立厦門分行和福州分行，成為當地最早開業的外資獨資銀行，有力地加強了閩港之間的金融聯繫。1995 年至 1997 年，集友銀行連續三年在香港舉辦水仙花展暨業務推廣活動，以大力宣傳集友銀行與福建的歷史淵源。2008 年，集友銀行派代表參加北京奧運會火炬傳遞（福建站），再一次加深集友銀行與福建文化的交流。2014 年，集友銀行分別在福州、厦門舉辦環球市場經濟講座，加強與閩籍客戶的交流。此外，集友銀行多年來持續為陳嘉庚在故鄉創辦的集美學校提供豐富的經費支持，派發予集美學校的股息及紅利超過 28 億港元，有力地支持了集美各校教育事業的發展……

回首 80 年發展之路，「聯通閩港」一直是銀行最重要的發展策略，集友銀行為此孜孜不倦，默默耕耘。

閩籍客戶也向集友銀行展現出信賴。2015 年，集友銀行個人金融業務部曾對閩籍客戶進行調查，詢問他們對集友銀行的認同原因及對銀行理財產品的傾向性。調查結果顯示，75.8% 的受訪者使用集友銀行服務的年限在 10 年以上，平均使用集友銀行服務的年限為 12.6 年，反映了閩籍客戶對集友銀行具有極高忠誠度，高度認同其服務水平；有 69.4% 的受訪者表示他們以集友銀行為主要使用銀行，在選用集友銀行的原因方面，受訪者認為集友銀行形象具有福建特色，穩健、務實，充滿「人情味」、專業，是可信賴的銀行品牌。

為配合集團業務發展方向，也為了更好地服務閩籍客戶，集友銀行於 2022 年設立「閩港業務專組」，以鞏固及開拓閩籍客戶市場為目標，因應閩籍客戶在傳統存款、放款產品以及財富管理服務的需要，度身制定業務推廣優惠，規劃專屬之營銷策略及營銷活動，提供貼身高端理財銀行服務，為閩籍客戶群提供一站式的理財方案，致力打造「精品銀行」品牌，力臻成為閩籍人士主要往來的首選銀行。

第二節　因時而動　重返內地

1983 年，一個由集友銀行的員工組成的代表團抵達厦門島，他們此行是受中銀集團位於港澳的 5 家兄弟行委託而來。這 5 家兄弟行分別是香港集友銀行、南洋商業銀行、華僑商業銀行、寶生銀行、澳門南通信託投資有限公司。

他們責任重大——要聯同中國銀行總行信託諮詢公司，參與組建厦門經濟特區聯合發展公司。這家公司將以海外資金支持，開發建設位於厦門島的湖里工業區。

這個年輕的工業區此時才 3 歲，但其意義非凡。1978 年，中國開啟改革開放的歷史進程，市場經濟的澎湃之力洶湧而出。改革需要試驗田，開放需要突破口——目光瞄向沿海，國家決定在深圳、珠海、汕頭和廈門建立經濟特區。1980 年 10 月 7 日，國務院批覆同意在廈門島西北部的湖里地區劃出 2.5 平方公里的土地設置廈門經濟特區。

以集友銀行為代表的中銀港澳幾家兄弟行積極響應，支持經濟特區建設。對集友銀行來說，這個地方更是集友銀行倡辦人陳嘉庚的家鄉，回到這裏投身建設，正是踐行「以行助鄉」的初心。

正因為如此，在支持家鄉建設過程中，集友銀行格外努力。翻開 1983 年的工作概況匯總，集友銀行在那一年通過各種形式，積極宣傳介紹廈門的投資背景，先後組織 4 批 95 人次的海外華僑、港澳客商和同業到廈門特區參觀考察，也陸續介紹個別或小組客商到廈門洽談投資項目。通過集友銀行介紹引進客商到廈門洽談投資項目共有 27 項，為經濟特區建設積極穿針引線。

第二年，回鄉的步伐更堅實。1984 年 4 月 2 日，集友銀行獲中國人民銀行批准在廈門設立代表辦事處。1984 年 5 月 4 日，集友銀行廈門代表處正式開立，為客商到廈門參與投資建設，提供資金和諮詢服務的方便。至此，在香港扎根 30 多年後，集友銀行重返「祖籍」地。

這一刻，對於集友銀行而言，恰如早年間南洋華僑漂泊半生，回到家鄉時一般壯懷激烈。

無論對於廈門，還是集友銀行，擺在面前的是一個嶄新的契機，一個不容錯過的時代機遇。

1985 年 6 月，廈門經濟特區擴大到廈門全島和鼓浪嶼全島，並逐步實行自由港的某些政策。同月，習近平同志抵廈赴任廈門市常務副市長，正值廈門經濟特區建設進入全方位推進的新階段。

從 2.5 平方千米擴至 131 平方千米，厦門經濟特區建設亟盼境外資金與技術助力。錢從哪裏來？幾經考慮，習近平同志去往香港，拜會時任香港中華總商會副會長、中銀集團港澳管理處副主任林廣兆，表達了厦門市政府對香港中銀集團到厦門投資的熱誠期盼和全力支持，得到了林廣兆的積極響應。①

此後數年，香港中銀本着「特區特辦、新事新做」的理念，把支持厦門經濟特區建設作為重點項目，為厦門發展提供了強大的資金支持，而這個過程中，最具「厦門基因」的集友銀行擔任排頭兵的角色。

1985 年 11 月 8 日，集友銀行厦門代表辦事處獲中國人民銀行批准升格為分行。1986 年 1 月，集友銀行率先在厦門經濟特區設立分行，成為當地最早開業的外資獨資銀行。

林廣兆認為，當時最重要的是金融要搞活。集友銀行進來了，境外金融的先進理念和大筆資金就都進來了，特區的發展才能體現出「特」字，速度才能提上來。

集友銀行的確給厦門帶來了不少先進的金融產品和業務：

首先是押匯業務，也稱為進出口貿易結算。集友銀行厦門分行利用香港總行與世界各重要貿易地區有代理行關係的優勢，截至 1986 年年底，在進出口貿易結算方面，已辦理的綜合信用證的開立、通知、押匯、託收、出口貿易結算及匯兑業務共 800 多筆，涉外金額為 1.98 多億港元。1987 年，在進出口方面所承做的開出或接受海外信用證、進出口押匯、託收等業務，合計 5 億多港元，進出口業務大幅增長。帶動其他業務的進展，如 1987 年代理中國人民保險公司開出外匯保險單 8000 餘萬港元，比

① 本書編寫組：《閩山閩水物華新——習近平福建足跡》（上），福州：福建人民出版社；北京：人民出版社，2022 年，第 326 頁。

上年度增長1.6倍。為推進特區對外貿易的發展，支持厦門企業爭取多出口、多創匯和及時收匯貢獻了集友力量。

其次是為進駐厦門投資的外資企業提供外匯貸款。集友銀行厦門分行服務對象以外資企業為主，大部分外資企業是外向型運營模式，對原材料進口、產品出口的資金周轉及購置廠房等，均有外匯貸款的需求。厦門分行利用母行在香港，外匯資金充裕的優勢，為本地外資企業提供了低成本的外匯信貸資金支持，為早期來厦門湖里經濟特區開廠的港資、台資企業提供廠房、進口設備、進出口押匯等外匯貸款業務，加快了外資企業資金周轉速度。厦門分行積極利用總行在香港分支機構多、海外代理行處多、信息靈通之特點，為外商投資企業及國內企業提供廣泛的信息諮詢和橋樑作用，積極為內地客戶介紹海外貿易與投資客戶。

最後是集友銀行還給厦門帶去了香港的購房按揭。在20世紀80年代，內地房地產行業剛起步，商品房屬新生事物，很多外商來厦門創業的同時，個人也有在厦門購置個人產業安家的需求。而當時內地的相關金融產品較為匱乏，特別是市場還未有針對境外人士的樓宇按揭貸款業務。厦門分行鋭意進取，勇於創新，與厦門市房產及投資發展公司合作，創辦了購房分期付款抵押貸款業務，根據1987年刊登在《福建金融》上的《開拓前進中的厦門外資、中外合資銀行》一文:「集友銀行厦門分行1986年共貸出2200萬港元，積極支持我市工業和房地產業。去年剛落成厦門鴻山花園住宅樓，共有30多個單元，出售量在90%以上，其中在信貸資金上就得到該行有力的支持。」①

① 陳三美、楊秉：《開拓前進中的厦門外資、中外合資銀行》，載《福建金融》1987年第6期，第45、46頁。

第三節　心繫故土　聯結閩港

除了上述金融產品和業務，集友銀行為廈門經濟特區的建設和發展貢獻智慧和力量，不遺餘力地幫助家鄉發展經濟。

為了幫助廈門本地外貿企業了解掌握信用證結算等國際貿易實務運作，廈門分行在銀行成立初期業務繁忙的情況下，還為廈門、福州等本地三資企業、外貿單位和銀行舉辦了 8 期國際結算講座，受到了各單位及學員們的歡迎，參加學員中不乏當地各銀行行長，為特區的外貿和金融人才的培養，作出了積極貢獻。

1984 年 11 月，集友銀行編撰並印發了《福建省廈門經濟特區投資指南》，全面介紹了廈門經濟特區的廣闊發展前景，以及投資優惠和保障，吸引外商來廈門投資，共同建設廈門經濟特區。

《福建省廈門經濟特區投資指南》封面

這本小冊子上，也能看到家鄉人們對集友銀行所作貢獻的認可，在序言中，時任厦門市市長鄒爾均寫道:「香港集友銀行熱忱支持厦門經濟特區的開發建設，積極參與中國銀行總行信託諮詢公司、厦門經濟特區建設發展公司和港澳五家行司聯合組成的『福建省厦門經濟特區聯合發展有限公司』。香港集友銀行為港澳五家銀行、公司的總代表，負責聯繫、介紹客商來厦門經濟特區投資，做了大量有益的工作，起了穿針引線、搭橋鋪路的積極作用。」①

「祖國實行改革開放，搞活經濟後，我行成立了中國投資諮詢部，為祖國四化和特區建設提供服務，引進和介紹海外華僑、客商到國內投資。近幾年來經我行提供貸款投資項目達 35 個，遍布在國內 12 個省、市。」時任集友銀行總經理何坤在《香港集友銀行創辦四十周年紀念特刊》中熱情地寫道,「在厦門經濟特區開設了厦門分行，為經濟特區提供了全面性的銀行服務，對特區企、事業的業務人才培訓也盡了一份力量。」②

隨着福建省對外經濟的發展，集友銀行進一步於 1988 年 7 月在福州設立辦事處，提供聯繫及業務洽商服務。1993 年，福州辦事處升格為分行。

福州分行的成立，讓集友銀行能夠更好地為福建省經濟建設發展貢獻力量。從此以後,「厦門」「福建」「祖國」成為集友銀行每年工作總結的高頻詞。

1988 年，在集友銀行總經理孫鴻基的工作概況報告中記錄:「為配合我國開放政策及經濟特區建設，我行對有關國內業務的放款持續上升，厦門分行開業三年來，為該地區的國內企業及三資企業提供了全面之金融服務，年內並獲人民銀行批准試辦人民幣存、放款業務，業務有顯著發展。」

---

① 香港集友銀行:《福建省厦門經濟特區投資指南》，1984 年，第 2 頁。
② 何坤:《獻詞》，載《香港集友銀行創辦四十周年紀念特刊》，第 7 頁。

在1989年工作概況報告中，孫鴻基再次強調集友銀行對福建省及厦門經濟特區經濟建設之重視:「我行的國内業務以配合福建省的經濟建設為重點，1989年，厦門分行增設了湖里加工區聯絡處，對厦門經濟特區三資企業提供更全面的金融銀行服務。」

不僅在厦門，20世紀90年代，集友銀行參與多筆内地基建項目及銀團貸款，擔任IPO包銷商及主收票行。例如，牽頭為投資水口水電站組織了2000萬美元的銀團貸款；牽頭組織了一筆與多家外資銀行共同參與的3000萬美元銀團貸款，用於興建福建龍岩火電廠。業務進一步騰飛發展。

水口水電站項目貸款簽約儀式

福建龍岩火電廠項目貸款簽約儀式

經過十年的發展，集友銀行在福建市場積極進取，獲得越來越多的同業認可和國際影響，不再是一家名不見經傳的小銀行。

1993 年至 1994 年，集友銀行連續兩年獲「湯臣百衛」亞洲區最佳表現銀行第二名。

《銀行家》雜誌公佈世界 1000 大銀行排名，集友銀行在 1995 年及 1996 年分別排名第 699 位及第 636 位，2000 年再躍昇至第 465 位。

1999 年度，集友銀行盈利水平排列在亞洲第 60 位，媲美同業先進水平。

進入 21 世紀，中銀集團於 2001 年 10 月完成重組，集友銀行成為中國銀行（香港）有限公司的附屬公司，繼續共享後者龐大的網絡設施及強大的後勤支持平台；與此同時，作為最早一批在內地設立分行的外資銀行，集友銀行充分發揮這一優勢，一直在積極探索跨境銀行業務。

「開拓進取」成為集友銀行進入內地市場的座右銘，在各類金融業務上，集友銀行發揮自己熟悉兩地情況的優勢，靈活創新，推進了一系列卓有成效的跨境業務。

進入 21 世紀，集友銀行嘗試為客戶提供跨境銀行服務，推動總行與內地分行客戶的聯動發展，提出口號「專業、全面跨境金融服務」；2007 年，為配合客戶業務全面融入內地市場的轉型需要，以及對跨境服務的需求，集友銀行利用內地分行平台，提供一站式跨境服務及推出一額兩地用、一額兩幣用、异地資產抵押等融資產品；同時通過跨境產品服務，開拓了一批新的客戶群，並以全方位營銷模型，促進了產品之間的聯動效應，例如爭取了內地的離岸企業賬戶，帶動了兩地的貿易融資和結算，人民幣存款服務帶動了兌換，借船舶融資開拓了船舶及船東保險等。

2011 年至 2012 年，集友銀行連續兩年被《亞洲週刊》評為「亞洲銀行 300 間排行榜中總資產回報率為 20 大銀行之一」，其中 2011 年為第 16 位、2012 年排在第 8 位。

回顧那些日子，曾在 1999 年至 2002 年擔任集友銀行副董事長的林廣兆在《集友銀行七十周年紀念特刊》中表示：「我是福建人，既見證了集友銀行的發展壯大，又榮幸能參與集友銀行的管理。自進入董事會後，我親身體會了中銀集團對集友銀行的關心和支持。在中銀集團的統一領導下，集友銀行業務進一步鞏固和擴大了福建客戶群。這對集友銀行本身的發展壯大也產生了積極的作用，股東也得到更好的回報。」[①]

尤其值得一提的是，集友銀行對於福建的經濟發展，特別是厦門經濟特區的建設發展，作出了不可磨滅的貢獻。集友銀行用香港先進的金融方

① 《集友銀行七十周年紀念特刊》，第 109 頁。

式、服務和產品，助力厦門經濟特區的騰飛，切實踐行了陳嘉庚「以行助鄉」的初衷。

到 2022 年，厦門分行已扎根厦門經濟特區 36 載，厦門分行始終保持着自己的獨特優勢，在結算業務方面屢創新高，在服務中小微企業方面屢立戰功。

2021 年，集友銀行厦門分行服務中小微企業案例《弘揚「嘉庚精神」，踐行社會責任》在第九屆中國中小企業投融資交易暨 2021 年「小企業 大夢想」高峰論壇上，獲得「2021 年金融服務中小微企業優秀案例」榮譽，這是對厦門分行始終秉持陳嘉庚「愛國愛鄉」創行初心，躬身服務中小微企業工作成效的高度肯定。

厦門分行始終將結算業務作為分行經營發展的本源和主業之一予以持續投入和大力發展，堅持聚焦服務實體經濟，持之以恒為客戶提供優質的跨境本外幣結算服務。2022 年上半年，厦門分行結算匯款累計超 3.5 萬筆，同比增長 15.32%；結算匯款量合計達 227 億港元，同比增長 92.25%。

36 年來，這個再次回歸家鄉的厦門分行，始終充分發揮結算業務優勢，堅持聚焦服務實體經濟，持續為客戶提供優質的跨境貨幣結算服務，推動厦門經濟特區的發展。

福州分行取得的成績同樣矚目。集友銀行福州分行各項業務規模在福建省外資銀行中均處於「領頭羊」位置，為全方位推進高質量發展超越作出「集友」貢獻。

比如，福州分行於 2021 年打通美元債投資通道；着力為本地企業提供資產管理一條龍服務，向多家「一帶一路」沿線國家開展進出口業務的企業提供跨境結算、貿易融資服務，持續助力「一帶一路」建設。

再如，2022 年 3 月 22 日，集友銀行福州分行投資省內優質國企 JT 集團發行的美元債投標成功，這是該行首筆「直投」澳門債券交易所發行的債券業務。作為福州市首家加入澳門債券交易所成員並直接通過澳交所完成投資的金融機構，也是境內首家以分行級單位名義參與澳交所投資的金融機構，這標誌着該行成功打造了全面覆蓋主流債券投資管道的「金融工具箱」，為境內企業赴境外發債搭建橋樑。

集友銀行福州分行作為福建省、福州市兩級技改基金項目的合作銀行，目前已與 179 家技改清單企業實現接洽並對接需求。截至 2021 年年末，該行投向民營企業貸款超過 30 億元，為做強做優做大實體經濟注入源源不斷的「金融活水」。

此時此刻，如果請一位福建人形容他眼中的集友銀行，得到的答案很可能是，「這是一家積極進取、成績卓著的銀行」。

值得一提的是，集友銀行的「閩港情緣」還順着血脈的聯繫，延伸到台灣地區。

在集友銀行廈門分行正式成立第二年，也就是 1987 年，台灣當局開放台灣同胞赴大陸探親，隨着台灣同胞到大陸探親潮的涌現，許多台灣同胞親眼見到祖國大陸在改革開放的政策推動下，生機勃勃，商機無限，海峽兩岸經貿往來日益頻繁。

到 1990 年「台灣」一詞也出現在集友銀行的工作概況中，「廈門分行及福州辦事處在爭取台商業務方面進展頗理想，截至年底台商戶已有一百多家」。

1991 年，台商業務量突飛猛進。這得益於集友銀行的積極進取，緊跟祖國對台開放政策，利用香港總行在國際金融中心的優勢，依託中銀香港先進、龐大的國際清算網絡，突破樊籬，勇於創新，積極研討優化、提速對台結算。

1991年6月，集友銀行率先與台灣民營銀行——華僑商業銀行建立代理關係並開展業務往來，8月爭取了萬國寶通銀行委託集友銀行辦理台灣電匯業務，通過集友銀行在香港收匯，再轉匯到集友銀行廈門分行，突破當時兩岸剛開放，匯款路徑不通暢的現實困難，在當年對台匯款結算速度處國內同業領先水平。

此路一通，往來絡繹不絕。諸多內地中資同業亦紛紛開展與集友銀行的代理行關係，借助集友銀行率先打通的匯款路徑，開展對台匯兌業務。由於匯款速度優於同業水平，20世紀90年代福建省內甚至周邊省份的台商、台胞紛紛選擇在集友銀行廈門分行、福州分行開戶往來，也為後續內地分行順利開展對台業務奠定了基礎。

兩家分行為諸多台商、台胞在祖國投資創業、安頓家庭，提供了廠房、設備抵押、台胞個人房屋按揭貸款等綜合性金融服務，樹立了良好的市場口碑，目前廈門分行仍是廈門市台商協會會員單位，積極為台商、台胞提供跨境金融服務。

在中斷交流近40年的海峽兩岸打開金融通路後，爆發出的增長是驚人的。1994年度的集友銀行業務工作報告中記錄:「年內將匯款業務集中處理，同時通過重編匯款計算機程序，簡化工作流程，使匯款日處理量提高250%，去年僅經我行轉往大陸的台灣匯款一項就增長了78.7%。整體匯款業務也比去年增長107.4%，大大增加了手續費及郵電費收益。」

第四章　守正創新　止於至善

2017 年股權交割以來，集友銀行再次面臨新的時代機遇，如果說在中銀時代，集友銀行是在大樹的庇護下成長，那麼在新形勢下，集友銀行成為厦門國際銀行的一分子，為這家快速成長起來、實力雄厚的銀行開闢新前景！

在厦門國際銀行的支持和幫助下，集友銀行克服了重重困難，保持平穩過渡、持續向好發展。很快，一系列新思維、新管理、新機制、新營銷文化，涌向這家歷經近 80 年風雨的老銀行，集友銀行似乎早已在等待這個時機，如飢似渴地吸收新鮮的理念和文化，提出「二次創業」的精神。

短短 5 年，總資產、客戶存款及客戶放款均實現大幅提速增長，逐漸走出了集友特色，奮力實現了上台階的目標。可以說，交割 6 年來，集友銀行以又好又快的發展勢頭分步實現了資產破千億、利潤破 10 億，朝着後續整合成本的規模效應和經濟效應邁出了堅實的第一步。

第一節　從質到量　全面提升

股權交割前，集友銀行經營發展獨立性較弱，發展基礎薄弱，戰略和策略定位模糊，風險管控組織功能缺失，人力資源存在結構性缺陷，面臨的挑戰前所未有。

股權交割後，在厦門國際銀行的領導和支持下，集友銀行克服了各方壓力，成功應對了香港社會輿情和新冠疫情不可控等重重困難，以及過渡期內分離整合工作量龐大且艱巨，境內外文化差异和各層級人員流失等重重挑戰，在薄弱的發展基礎和複雜的內外部環境之下，以持續穩健、亮點頻出的發展，體現了厦門國際銀行的務實、堅韌、支持的態度和決心，證明了集友銀行可以穩定、更可以有所作為地發展。

首先，集友銀行規模大幅增長，綜合實力躍上新台階。綜觀過去五年的規模及盈利完成情況，集友銀行總資產、存放款、利潤增幅一路高歌、加速攀升，業務規模高速增長、拾級而上，從 2018 年年底總資產規模一舉超越千億港元，到 2019 年客戶存款歷史性突破千億港元大關，截至 2022 年 12 月末，本行總資產達 1800 億港元，是交割前的 3 倍，交割兩年，利潤即接近翻番。總客戶數於 2021 年成功突破 20 萬戶大關，客戶數保持每年平均超過 1 萬戶的淨增長量，這在銀行林立且金融市場成熟的香港是極其難得的。伴隨着存量客戶的維繫和增量客戶的拓展，客戶潛力也得到深度挖掘，零售客戶戶均存款也實現翻番。

其次，資本力量也不斷夯實。集友銀行時隔 30 年重啟增資擴股，股權交割後 6 年完成 5 次資本補充。堅持發金融債、引進戰略投資者並舉戰略，持續優化資本結構，資本實力不斷提升，為業務進一步發展奠定堅實的基礎。更於 2022 年內成功完成發行 2 億美元二級資本債及 2 億美元一級資本債，使集友銀行能在複雜多變的經營環境下保持穩固的資本基礎，確保各項業務順利開展。此外，集友銀行還在持續推進落實新一輪增資擴股方案，為未來業務健康發展夯實底盤。

集友銀行內地分行時隔 20 餘年重啟發展，各項業務指標穩立外資銀行首位，厦門分行、福州分行提速奔跑，總資產規模翻兩番，實現了較快的穩健發展，並成為福建當地最大外資銀行。深圳分行開業僅一年客戶資產突破 100 億港元，躋身深圳外資銀行前列。

集友銀行的品牌影響力也在不斷加強。股權交割以來，集友銀行斬獲多個卓越僱主大獎，卓越僱主品牌形象深入人心。同時，集友銀行在履行社會責任方面的實踐和探索也屢獲肯定，榮獲「傑出可持續發展企業社會責任大獎」「傑出企業社會責任獎」「卓越 CSR 大獎」「商界展關懷」等獎項。積極融入國家發展大局，集友銀行獲得「粵港澳大灣區最佳銀行獎」「粵港澳大灣區最佳商業銀行大獎」及「大灣區企業同創大獎」。

一個個獎項擦亮集友的金字招牌，為集友銀行繼續「立基香港、聯繫華僑、服務社會」吶喊助威。

2018 年 9 月，集友銀行參與香港金管局推出的「轉數快」快速支付系統

集友銀行在股權交割之後發生的變化和取得的成績是來之不易的。剛剛股權交割不久，就趕上新冠疫情等一系列複雜困難局面。集友銀行因時因勢不斷調整「打法」，通過「變思」「變法」「量變」帶動「質變」，以變應變的「思路」打開「出路」，及時分析外部局勢和經濟形勢，作出決策部署，調整作戰策略，總結經驗教訓，慎思自省、破舊立新，在迎難而上中化危為機。

第二節　風控「鎧甲」　系統搭建

高質量發展的前提，是能夠控制住風險。

股權交割以來，集友銀行秉持「駕馭風險、精藝管理」的經營思路，2019 年以「質量管理年」作為指導思想和行為準則，2020 年則堅持「風險為本」的導向，2021 年強化「合規經營、穩健發展」，拾級而上鍛造硬核且靈活的風控「鎧甲」。

通過夯基壘土，建立並深化全面質量管理體系建設，努力推動條線建章立制工作，積極加強銀行風險治理和風險管理，朝着「組織獨立性、相互制約性、管理前瞻性、執行高效性」特質的風險管理體系方向推進，在解決問題的過程中保持穩健發展。不斷強化貸前預警、貸中監測和貸後控制的風險管理能力，建立「風險全景圖」加強各類風險的持續監測能力及預警機制，並不斷完善風險全景圖覆蓋範圍及報送機制，形成覆蓋 135 個指標的「黑紅黃燈」指標觸動機制，加強對全行各類風險指標執行情況的監測，優化風險識別及控制方面的能力。「風險全景圖」包含了本行各類主要風險類指標，包括但不限於盈利類、資本管理類、外部評級、信用風險、流動資金風險、利率風險、市場風險、操作風險、科技風險及信息安全指標，並結合本行風險取向、各風險維度的關鍵風險指標、限額等，選取能反映本行各項風險狀況的各類指標項目。

集友銀行貫徹早識別、早預警、早發現、早處置的原則，強化風險管理的前瞻前置意識，加強潛在風險隱患的甄別和排查工作。面對 2019 年及 2020 年日漸複雜的外部環境，持續加強風險排查和不良處置力度，開展了疫情專項排查工作、授信業務專項檢查、能源行業戶排查、股票股權質押戶排查、存單質押貸款風險排查、信用債風險排查等各項重點業務風險排查；2021 年在政策轉向的巨變之下，持續開展上市公司相關業務、投資類業務、房地產融資業務等排查工作。並主動優化各類業務集中度，按集團部署重設抵押品種類的集中度風險限額。

同時抓緊重整風險條線管理架構調整。自 2018 年相繼將集友銀行總行風險管理部拆分為總行風險評估部、風險管理部，實現中後台風險職能的分離；2019 年增設總行法律合規部，切實推進風險條線中台和後台的職能分離，加強前中後台的職能制衡，強化了風險條線內部處組的細分和建設，配置齊全各部主管及管理人員。在完善總行層面風險管理架構之後，成立了內地風險管理中心，確保內地風險管理工作集中總控、因地制宜，完善集中化及垂直的風險管理架構。

在質量管理架構完善的同時，風險條線人員儲備、人才梯隊建設也取得巨大進展。股權交割後總行風險條線人員增加 3 倍，內地風險條線人員增加 4 倍，不僅鼓勵獎勵專業資格認證，還招聘高學歷人才，形成從博士到本科，持有各類專業資格的人才梯隊。人才是第一生產力，集友銀行在股權交割以後對福州、廈門分行管理層進行更換，業務發展、資產質量、組織文化煥然一新，資產質量大幅提升。目前，廈門、福州分行均為零不良，管理能力不斷提升，人才隊伍不斷充實。

股權交割後，集友銀行緊守合規經營的高壓線，以「依法合規」為導向，從考核辦法上作出平衡，明確風險合規操守等非財務指標權重，以合規文化作先導，堅持「經營管理標準線、職業道德底線、依法合規高壓線」三線理念，各級管理人員切身履行合規管理要求，示範並引導員工樹立正確的風險管理觀念，以及對合規經營、操作風險、信貸監控、反洗錢等工作樹立正確工作態度和工作方式，把風險管理、經營業務發展與合規文化建立有機地結合，從上至下貫徹風險文化培養，結合境內外監管機構檢查要求，積極倡導監管政策方向和銀行文化導向，定期開展全員合規培訓，提升全員的風險及合規意識，使全行上下形成統一的風險管理理念及合規價值標準。

得益於一系列硬核又靈活的風控「鎧甲」的鍛造，集友銀行在業務較快發展的同時，發展質量持續向好，不良貸款率持續下降，風險管控成效顯著，內地銀行不良率更是呈現翻天覆地的變化。

第三節　科技引領　創新發展

股權交割之後，經過逾兩年的奮戰，2020 年 7 月 11 日，集友中國內地新系統成功上線。集友銀行充分依託厦門國際銀行集團科技優勢，加快業務改革創新發展，其中以集友中國新系統建設項目為實現科技引領的基礎。新系統建設是事關集友銀行未來發展的戰略工程，責任重大，使命光榮。集友中國新系統建設是集友銀行史上最為浩大的新一代信息建設工程，系統的順利上線，將全面提升集友銀行信息科技實力和科技支撐能力，為集友銀行做大、做優、做強發揮重要作用。

2017年12月始，厦門國際銀行總行、集友銀行總行及內地分行共同組織成立「集友中國內地系統遷移項目組」，為實現股權交割後集友銀行系統營運的獨立性，打造集團一體化的科技系統平台，開啟了「系統遷移整合」項目的長征，全力投入系統整合工作。

系統遷移之路布滿荊棘與坎坷，監管部門高度關注集友銀行系統安全和整合外判的規範性和質量。由於集友銀行託管中銀香港的系統數量龐大、錯綜複雜，且集友銀行經營歷史較長，歷史數據分類清洗難度巨大；同時，集友銀行與厦門國際銀行集團業務差异極大，此前行內並無此類項目的先例可循，加上集友銀行科技力量薄弱，系統整合的複雜性和艱巨性超出預期。在厦門國際銀行集團的大力幫助和支持下，項目組圍繞業務核心要點、規劃體系、關鍵環節等展開全流程重新梳理，充分依託集團科技力量和優勢，積極協調厦門國際銀行集團、中銀香港及集友銀行三方境內外工作人員，齊心協力開展緊密合作，日復一日躬耕科技，加班加點攻堅克難，以「功成不必在我，功成必定有我」的奉獻精神開展工作。

自2018年10月起，項目組核心組同事全脫產進場開展系統功能測試。2019年5月起，集友銀行總行部門調撥同事陸續入駐厦門國際銀行，項目推進遇到重重困難，對於毫無項目經驗的測試人員而言是巨大挑戰，但在集團各部門的支持下，同事各司其職，逐一攻破難題。前後歷時兩年多的長途跋涉，參與人數逾百人，横跨兩地四方（厦門國際銀行集團、集友銀行、澳門國際銀行與中銀香港）若幹部門，三輪用戶驗收測試，超過1.1萬個測試案例……系統整合大軍，齊心協力攻堅克難。面對最為棘手的跨境數據新舊線系統定位及字段映像工作，項目組多次開展跨境數據研討會，共就159張跨境數據表，接近1萬個字段進行了反復的測試、驗證、演練，最終完成了所有跨境數據的測試及驗證工作。

集友中國系統的成功上線，是在全行上下前後歷時 3 年的傾力付出下取得的成果，克服了系統數量龐大、關係錯綜複雜、自身科技力量極為薄弱、境內外監管差异大等諸多困難。

在厦門國際銀行集團的鼎力支持下，集友銀行付出了巨大的努力，最終取得集友中國內地系統上線的圓滿成功，獲得外部監管及同業的認可，邁出了全面提升科技實力、加速科技彎道超車的重要一步，打造出了一套符合集友未來發展和監管要求的科技系統。

2019 年，集友中國內地系統切換上線圓滿成功

集友中國新系統支持業務種類更加全面、操作流程更加簡便，將為集友銀行的客戶提供更加安全、便捷、高效的金融服務，為員工提供更高效

的辦公系統，是集友銀行在科技發展道路上邁出的重要步伐。集友銀行將以更新風貌、更高水平、更高質量迎戰大數據時代。

行者常至，為者常成。集友中國內地新系統成功上線不是終點，而是新的起點。集友香港系統整合也在加速推進，在集友香港系統整合項目工作組的統籌指揮下，集友系統整合工作取得了極大進展，在新冠疫情衝擊以及銀行人員極為緊張的情況下，已從全行抽調超過 10% 的員工，零售條線更是有近 50% 員工參與，投入系統整合，面對複雜且極具挑戰的整合工作，集友銀行員工額外付出了更多勞動，承擔了更多更重更難的工作，全力落實各系統的數據遷移方案，重點處理系統整合項目管理、核心系統選型和業務需求分析、外圍系統的立項選型、系統架構和技術以及數據遷移項目等工作，奮力推進集友香港項目並按計劃完成各項重要里程碑工作。2022 年，在厦門國際銀行集團的大力支持下，集友銀行已研究確定厦門、香港兩個數據中心方案，並啟動香港數據中心及生產網絡的建設。

第四節　商行+投行　跨境+跨界

把鏡頭轉回集友銀行成立的年代，從福建永安、到厦門，再到香港，初期階段的關鍵詞就是「艱難」。幾次面臨難以為繼的時刻，在「嘉庚精神」的鼓舞和社會各界的幫扶下，才堅持下來。

在加入中銀的年代，集友銀行的關鍵詞是「穩健而快速」，扎實了根基，形成了風格，不僅可以自我造血，還能有所作為。

進入厦門國際銀行的時代，集友銀行的關鍵詞變成「跨越、突破與革新」，新的管理層注入新理念、新眼界、新決心。2017—2022 年，5 年的時間，集友銀行緊扣銀行中期發展規劃、第一個五年規劃，從上到下「敢想、敢做；用心、用腦」，開啟「跨境 + 跨界」「商行 + 投行」戰略的黃金之門。

有些規劃確實充滿挑戰，比如發展「商行 + 投行」業務。集友銀行在投行方面完全是「一張白紙」。在 2017 年着手準備股權交割的過程中，集友銀行決定於 2017 年 2 月正式開展向香港證監會申請香港第 6 類牌照（就機構融資提供意見）、第 9 類牌照（提供資產管理）。

至此，一場項目「攻堅戰」打響，沒有任何猶豫，項目組從初期開始先進行各類監管材料的準備，需要成立 6、9 號牌公司，物色合適的金融機構持牌負責人人選，完成內部審批流程，獲得香港金管局認可，聘請專業顧問，完成繁多的申請文件。此外，項目組要同時完成集友銀行股權交割的收官階段工作，項目組成員夙興夜寐、不懈努力，牽頭積極解決監管、內部審批所遇到的問題。

2017 年 3 月 13 日，集友銀行設立「集友國際資本有限公司」和「集友資產管理有限公司」兩家全資附屬公司，並聘任專業顧問協助向香港證監會申請第 6 類牌照、第 9 類牌照，同年 3 月 24 日正式向香港證監會提交這兩個牌照的申請。

經過與監管機構之間的多輪意見往來，香港證監會最終於 2018 年 4 月獲得中國銀保監會的正面回覆，集友銀行附屬公司「集友國際資本有限公司」和「集友資產管理有限公司」於 2018 年 8 月 17 日正式成立。

嶄新的集友銀行像一棵渴望不斷生長的大樹，盡力地延伸枝蔓，打破固有的傳統模式，發展多元化的經營模式。

集友銀行深圳分行正式成立之後，集友銀行也一直在思考申請私募股權的牌照。集友銀行股權基金管理人備案過程也是頗為坎坷，在經歷了一次備案暫停後，重新備案的壓力倍增。2021 年伊始，證監會加強私募管理人監管，新發牌照極其謹慎。

針對一系列的棘手問題，集友銀行股權團隊迅速行動，成立備案攻堅小組，制定時間表，每日督進和匯報進度，做精做細每項備案材料。並於2021年3月相繼完成公司工商變更、新增合資格高管，拜訪律所、金融局、私募基金協會，多方奔走溝通備案事宜。

集友銀行股權基金管理人備案工作量大且煩瑣，集友銀行股權團隊歷時256個日夜，準備了幾十萬字的文字材料。備案材料提交前夕，時間緊任務重，團隊成員直接駐守在律所陪同律師一起加班，只為確保時限內系統提交材料無誤。其間，有團隊成員打趣道:「沒有見過凌晨四點的洛杉磯，但是見過凌晨一點的律所。」律師也開玩笑說，集友團隊是第一個上律所駐點加班的甲方。苦心人，天不負，團隊按時提交了材料。

2021年4月19日，集友銀行順利通過股權基金管理人備案，成為近年來唯一獲批的銀行系QFLP（合格境外有限合夥人）公司，標誌着集友股權投資業務正式拉開大幕，打開了集友銀行「跨境+跨界」戰略構想的新大門!

積極進取，迎難而上拿下QFLP資質後，很快就看到了這一決策的前瞻性。

还不到三周，2021年5月8日，集友銀行行政總裁鄭威受邀參加蘇州國際股權投資高峰論壇。這場論壇吸引了近200家知名股權投資基金管理機構和眾多基金參加，合計完成了26隻基金、總金額超600億元人民幣的合作簽約。

集友QFLP基金也有斬獲，成為蘇州自貿區大力引進的優質股權基金，與蘇州自貿片區合作簽約儀式的順利完成，正式吹響了集友銀行進軍蘇州的第一聲的嘹亮號角。2021年8月31日，集友方程基金完成項目投資，標誌着集友 QFLP 公司成功落地集友銀行首隻私募股權投資基金。

2022 年 5 月，集友 QFLP 公司僅用時 4 個月，成立首年內即圓滿完成首隻基金發行，創下深圳銀行系 QFLP 公司最快展業紀錄；集友 QFLP 公司在展業一周年之際，成功發行第三隻基金，管理規模突破 10 億元人民幣。

同時，集友銀行股權團隊又瞄準更難的合格境內投資企業（QDIE）資質。

但這次難度之大已不是「攻堅戰」能夠形容，甚至很多員工都覺得這是一場「不可能贏的戰鬥」。無論是集友股權股東管理的基金規模還是集友股權本身的資本規模，以及成立時間等，都與深圳 QDIE 要求的准入門檻有巨大差距。縱使牌照申請機會渺茫，團隊始終秉承永不言棄的奮鬥精神，多次溝通多方監管機構，其間也是屢次碰壁。

然而，QDIE 資質蘊含着巨大展業機會，集友股權團隊為了前瞻佈局主動作為。集友銀行深圳分行金融市場部總經理張晶帶領團隊鍥而不舍地拜訪深圳市外管局相關領導，全面而專業地進行了一次深度匯報，終於獲得了外管局的認同，並於 2021 年 9 月 9 日正式提交申請材料。團隊同步溝通市金融局與前海金融局，並促成多方會議的召開。

最終於 2021 年 11 月 8 日成功獲批 QDIE 資質，成為深圳市 QDIE 新政策推出以來首家獲批的港資銀行系股權公司。

集友 QFLP 公司自此正式實現跨境資金雙向流動循環，「引進來」與「走出去」相結合，可提供更為全面循環的跨境跨界金融服務。集友銀行也就此成為整個集團首個雙 Q 公司，真正落地了「跨境 + 跨界」「商行 + 投行」的戰略部署。

至此，集友銀行在股權交割 5 年後，精神面貌煥然一新，敢打敢拼，敢想敢做，同時也保持着 80 年曆經風雨積澱下來的沉着和冷靜。

集友銀行手中捏了一把好牌：拿下金融全牌照優勢；長期積累的商業銀行客戶基礎和有效的風險管理能力；依託集團化總風險控管，對跨界風險分離，兼具內地和香港雙重地緣優勢。

當年扎根「小福建」悉心辦僑匯的小銀行，已成長為一艘綜合經營的金融旗艦——覆蓋表內外和境內外，投行與商行深度融合，整合全行內部綜合經營資源，有能力為客戶提供從債權融資、股權投資到衍生交易的全面金融服務。

股權交割 6 年來，集友銀行於變局中開新局，通過經營智慧和駕馭風險，在短時間內發生了改天換地的巨大變化，在彌補歷史「欠賬」的同時，保持「持續、穩定、向好發展」態勢，逐漸走出了一條質量更好、效益更佳、結構更優、釋放優勢的高質量發展道路。

第四篇

文化傳薪火

文化是一個國家、一個民族的靈魂。文化興國運興，文化強民族強。文化自信是一個國家、一個民族發展中最基本、最深沉、最持久的力量。沒有高度的文化自信，沒有文化的繁榮興盛，就沒有中華民族的偉大復興。

文化是一隻看不見的巨手，以強大的力量助推着歷史的進程。小到個人和企業，大到國家和民族，都須臾離不開文化的力量支撑。集友銀行的發展進步，時時處處都彰顯着文化的力量！

優秀的企業文化鑄就了集友銀行軟實力的靈魂。集友銀行弘揚「嘉庚精神」，以「傳承、創新、發展，成為海上絲綢之路的精品銀行」為戰略定位，秉承「為客户提供優質服務、為股東創造優良價值、為員工爭取良好回報、為社會承擔更多責任」的使命，樹立「恪守誠信、以人為本、創新發展、服務社會」的核心價值觀。

文化如水，潤物無聲。在「嘉庚精神」引領下，集友銀行的企業文化始終與企業相生相長，努力實現創造性轉化和創新性發展。

第一章　忠公誠毅　培根鑄魂

陳嘉庚一生愛國愛鄉，傾資興學，服務社會，造福人類。他光輝的一生孕育了偉大的「嘉庚精神」。「嘉庚精神」主要體現為忠、公、誠毅、勤儉、創新等方面，即「天下興亡、匹夫有責」的愛國精神，重義輕利、公而忘私的奉獻精神，誠實守信、疾惡好善的重德精神，剛健果毅、堅韌不拔的自強精神，艱苦樸素、勤勉節儉的清廉精神和與時俱進、革故鼎新的創新精神。愛國主義是貫穿陳嘉庚一生的主線，也是「嘉庚精神」的核心。在全體中華兒女勠力同心、奮力實現中華民族偉大復興中國夢的新時代，集友銀行傳承弘揚以愛國主義為核心的「嘉庚精神」，為企業文化培根鑄魂。

第一節　「嘉庚精神」　底色鮮明

愛國主義是我們民族精神的核心，是中華民族團結奮鬥、自強不息的精神紐帶。中華民族素有愛國傳統，有「樂以天下，憂以天下」的憂國情懷，有「公而忘私、國而忘家」的愛國風範，有「苟利社稷，死生以之」的報國氣概。陳嘉庚生於國難，長於國難，目睹近代中國內憂外患、國弱民窮的現實，萌生了強烈的憂患意識和高度的社會責任感。他秉承「天下興亡，匹夫有責」的古訓，發揚「先天下之憂而憂，後天下之樂而樂」的傳統，始終把個人命運和祖國命運緊密相連，努力踐行自己立下的「報效祖國、服務社會」的人生諾言。他致力於實業報國、教育興國、抗戰救國和建設新中國等諸多愛國行動，把畢生的精力都奉獻給了祖國的獨立、統一和富強事業。愛國主義成為「嘉庚精神」最鮮明的底色。

根據學者考證，早在 1931 年，厦門大學校長林文慶在《厦大十周年紀念的意義》文章中提出了「嘉庚先生的精神」，稱之為「我國聖賢所傳給我們的天下為公的精神，是一種利他而肯犧牲的精神」。1940 年，因抗戰內遷長汀的厦門大學校長薩本棟在歡迎陳嘉庚視察時提出「陳嘉庚的人格精神」，歸納為「愛國熱情，公而忘私，國而忘家；負責，謙讓，不辭勞瘁；富貴不淫，貧賤不移，威武不屈」。同年，厦門大學何勵生在《嘉庚精神》一文中將「嘉庚精神」歸納為「犧牲精神」「信義精神」「勤儉精神」「求是精神」「奮鬥精神」和「報國精神」六個方面，指出「嘉庚精神」就是我們的精神。此後，關於「嘉庚精神」的內涵，學界均有不同的論述和歸納，見仁見智。其中有兩種歸納較具代表性：一是將其歸納為「忠——嘉庚精神的本質特徵，公——嘉庚精神的主要內容，誠——嘉庚精神的精髓，毅——嘉庚精神的保障體系，闖——嘉庚精神的時代特點」；一是將其概括為「忠公、誠毅、勤儉、創新」。

2014 年 10 月陳嘉庚誕辰 140 周年之際，習近平總書記在給厦門市集美校友總會回信中高度評價陳嘉庚和「嘉庚精神」，將「嘉庚精神」精辟地闡釋為「艱苦創業、自強不息的精神，以國家為重、以民族為重的品格，關心祖國建設、傾心教育事業的誠心」，並將其上升到國家層面，成為中華民族精神和時代精神的重要內容。

陳嘉庚繼承發揚艱苦創業、自強不息的民族精神並賦予新的內涵。他在開拓實業和傾資興學的長期過程中堅貞不渝、百折不撓，奮發進取；他為救國富民馳騁海內外，不畏艱險，置生死於度外，站在鬥爭前列，歷盡風險艱辛。

陳嘉庚的創業之路歷經無數坎坷和驚濤駭浪。最初，他以 7000 元起步，因陋就簡，精打細算，苦心經營黃梨罐頭業和米店，試種橡膠，開拓米業。自 1904 年獨立經營至 1910 年年底，共獲利 73 萬餘元。他主動償還父債，贏得了誠信的信譽。

陳嘉庚憑借個人的遠見卓識和超人膽略，以誠信為本，艱苦創業，奮力開拓，經過 20 多年的艱苦奮鬥，終於建立起一個遍布世界的企業王國。陳嘉庚公司以經營橡膠業為主，兼營食品、肥皂、制藥、火鋸等行業。至 1925 年，陳嘉庚公司擁有橡膠園 15000 英畝，生膠、熟膠、黃梨罐頭等 30 餘家工廠，分行和代理處遍布五大洲的 40 個國家和地區，公司員工 3

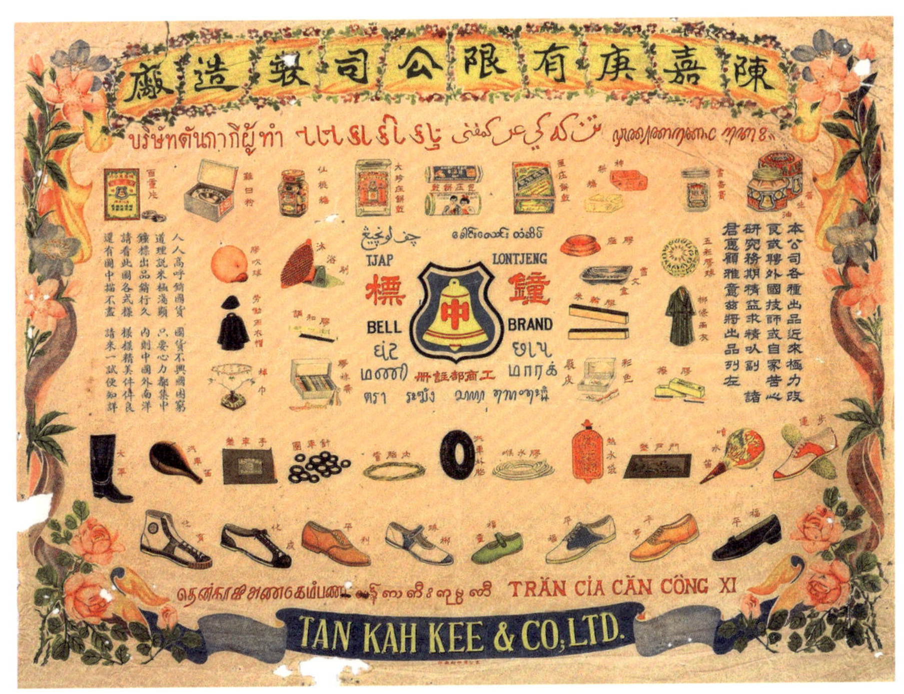

陳嘉庚有限公司制造廠廣告

萬餘人，總資產達叻幣 1200 萬元，是當時新加坡最大的企業之一。至此，陳嘉庚不僅在新加坡，而且在整個東南亞地區都算得上一位實力雄厚的大實業家了。

1926 年春起，橡膠價格連連暴跌，致使陳嘉庚公司陷入困境。一波未平，一波又起。1929 年世界性經濟不景氣，陳嘉庚公司遭受空前打擊，營業一蹶不振。有人勸陳嘉庚停止校費，以維持營業，陳嘉庚不忍放棄，仍努力支撐。直到 1934 年，陳嘉庚有限公司因企業發展無望，宣佈自動收盤。實業經營雖結束，陳嘉庚的社會威望和影響力卻不減反增。此後，在廣大南洋華僑的擁護支持下，陳嘉庚投身於救亡鬥爭、推動華僑團結、爭取民族解放的偉大事業，成為僑界的一代領袖和楷模。

陳嘉庚以國家為重，以民族為重。他常說「要為國家民族奮鬥」「凡事只要以國家利益、人民利益為依歸，個人成敗應在所不計」。陳嘉庚一生公而忘私、憂國憂民、剛正不阿、忠於祖國和中華民族，是中國近現代史上傑出的愛國主義者。愛國主義是貫穿陳嘉庚人生的主旋律，並且隨着時代的發展而發展。

陳嘉庚早年加入同盟會，支持孫中山領導的辛亥革命，成為一個真誠信奉「三民主義」的愛國者。民國建立後，陳嘉庚把愛國之情化為報國之行，他開拓實業、傾資興學、支援抗日、反對內戰，始終把國家和民族的利益放在第一位，並為之不懈奮鬥。1937 年全面抗戰爆發後，陳嘉庚在中華民族面臨生死存亡的關頭，毅然擔起領導海外華僑抗日救國的重任。他擔任「南僑總會」主席，領導南洋 800 萬名華僑，募集巨款，捐獻物資，徵募機工，以巨大的財力、物力及人力支援祖國抗戰，為祖國抗戰和世界反法西斯戰爭作出了巨大的貢獻。其間，他揭露汪精衛投降賣國的無恥行徑，呼籲國共兩黨團結抗戰。1940 年，陳嘉庚率領慰勞團回國考察，他先後訪問了重慶和延安。兩地的鮮明對比，幫助他分清了是非，辨明了真僞，從此把救國救民的希望寄託在中國共產黨身上。這是他人生中一次重大的政治抉擇。這種政治抉擇再次體現了他以國家和民族的利益為準繩，追求真理、明辨是非的優秀品質。

新中國成立後，陳嘉庚擁護社會主義制度，他的愛國主義思想增添了新的時代內涵，發展到了一個新的高度。標誌性事件是陳嘉庚落葉歸根，毅然回國定居，積極參與新中國的革命和建設。回國定居以後，陳嘉庚擁護中國共產黨的領導，關心國家大事，積極參政議政，支持新中國的內外政策。他不辭辛苦，為集美和厦大兩校的修復和擴建殫竭心力；他老驥伏櫪，為家鄉和新中國的建設出謀獻策；他心繫祖國統一，並號召海外華僑為祖國統一大業貢獻一切力量。直到臨終，他仍念念不忘「台灣必須歸中國」，體現了他「報效祖國、盡瘁一生」的崇高精神。陳嘉庚晚年把熱愛祖國、熱愛共產黨和熱愛社會主義統一起來，形成了富有時代特色的偉大的愛國主義精神。

陳嘉庚關心祖國建設，傾心教育事業。他為辦學支出的經費，以 1980 年國際匯率計算，相當於 1 億多美元。他創辦及資助的學校多達 118 所。陳嘉庚創辦和資助的學校，培養了數以 10 萬計的各種人才。據統計，僅 1913—1949 年集美學校的畢業生就達 8094 人，這些學生來自全國 12 個省以及東南亞各地，而厦門大學素以培養高質量人才聞名。陳嘉庚辦學，在國內教育界影響很大。與他差不多同時期的教育界著名人物蔡元培、黃炎培、陶行知等都交口稱頌陳嘉庚的辦學精神，並向國內廣泛介紹陳嘉庚的辦學業績。黃炎培說:「發了財的人，而肯全拿出來的，只有陳先生。」身為華僑而捐巨資在國內興學，不為名、不為利，這種精神是一種強大的力量，促進了全國教育事業的發展。華僑回鄉捐資辦學，陳嘉庚不是第一人。但大規模辦學，傾資辦學，他是第一人。在他的精神和事跡的感召下，許多華僑紛紛回鄉辦學。他的女婿李光前和曾就讀於集美學校的陳六使，成為陳嘉庚事業的忠實襄助者。集美學校校友李尚大、李陸大昆仲在安溪創辦慈山學園。陳嘉庚之前，華僑在僑居地辦學是零星的，且僅限於小學或私塾。在陳嘉庚的倡導和影響下，東南亞各地僑辦學校如雨後春筍般發展起來，而且辦學層次不斷提升，涵蓋了小學、中學、中專乃至大學。陳嘉庚生前為厦門大學和集美學校投入巨資所建設的數十萬平方米的校舍和較為完善的附屬設施，為厦門大學和集美各學校的大規模、高質量發展奠定了堅實的基礎。而先進科學的校園規劃和「陳嘉庚建築風格」的樓群為世人留下了珍貴的文化遺產。陳嘉庚長期辦學形成的優良校風和良好的育人環境，則使一代又一代莘莘學子受益無窮。陳嘉庚鑄就了一座傾資興學的歷史豐碑。

新中國的建設牽動着陳嘉庚的心。他參政議政，建言獻策，關心祖國，特別是家鄉福建的發展。他赴祖國各地考察，在全國政協一屆一次會議上，陳嘉庚提出七項富有建設性的提案，均被大會接受並交中央人民政府處理。

福建省山多田少，崎嶇險峻，交通不便。1952年5月，陳嘉庚致函毛澤東，懇切陳述建設福建鐵路的重要性和必要性。鷹厦鐵路連通厦門海堤於1956年12月建成通車，有力地促進了福建沿海和內地經濟建設的發展。陳嘉庚對福州自來水問題十分關注，經過實地調查，他提出在福州建設自來水工程設施案。此案很快被福建省政府採納實施，一舉解決了福州市民長期飲水難及消防用水的大問題。1956年3月，陳嘉庚撰寫《厦門之未來》一文，分析厦門港的優越條件，論證厦門港的前途，必能後來居上。1958年，陳嘉庚身患重病，但仍堅持參政議政，為集美、厦大辦學和華僑博物院建院事宜日夜操勞，費盡心力。

陳嘉庚作為集友銀行的創辦人，集友銀行的企業文化自然深受陳嘉庚企業文化潛移默化的影響。以行徽為例，集友銀行的行徽為圓形，中心是一個「鐘」的圖案，內有隸書字體的「集友」兩字，鐘的圖案外一圈為集友銀行的英文名稱。集友銀行 70 周年出版的紀念刊對行徽和「鐘標」的歷史淵源作了解讀，「1919 年 5 月，陳嘉庚將他經營的各個機構合並改組成立『陳嘉庚公司』，並正式註冊使用『鐘標』牌產品商標。『鐘標』牌商標是一個鐘的形狀，圖案中間位置是『中』字，反映出陳嘉庚雖然身在异國，但始終不忘身為中國人，時刻為中國人爭光的愛國熱情。集友銀行的行徽同出於此理念，寓意陳嘉庚堅信『國家之富強在實業』，告誡自己警鐘長鳴，不能忘記企業艱難創辦的歷史；憂國憂民，時刻不忘盡自己的『國民天職』，實行『以行養校』，延續集美各校和當地教育事業的發展」。可見行徽和陳嘉庚公司的「鐘標」牌產品商標的理念是一脈相承的。從目前的資料看，在 1963 年香港集友銀行的信件上已可見到銀行標誌圖案，應是公司形象的一種強調。

集友銀行行徽及行名

按照現代公司治理框架，公司章程是公司設立和運營的最重要文件之一。陳嘉庚公司原來就有章程，但他認為不夠完備，就在 1929 年重新修訂了《陳嘉庚公司分行章程》（以下簡稱《章程》）。《章程》整體上體現了陳嘉庚的企業管理思想，內容包括序言、總則、職權、服務細則、營業、貨物、賬務、報告、薪金及紅利、視察員服務規責、推銷員服務規則、廣告、保險、罰責、附則 15 章，共 350 條。這些內容明確規定了公司各分行的管理架構、職權責任、經營方針、財務制度、薪酬管理、營銷推廣、服務態度及商業道德等，要求所有員工嚴格遵守與切實履行。陳嘉庚在親自撰寫的序言中，扼要地闡明陳嘉庚公司的宗旨：「本公司及制造廠，雖名曰陳嘉庚公司，而占股最多則為厦門大學和集美學校兩校，約其數量有十分之八。……兩校命運之亨屯，系於本公司營業之隆替。……則厦集二校之發達，本公司營業之勝利，其責尤全系同事諸君。諸君苟奮勉所事，精勤厥職，直接興教育實業，間接福吾群吾國矣。」「章程之設訂，在訓練辦事人員，使其共同遵守，則思想集中，步趨一致，實收指臂相使之效，宏建事業發展之功。」

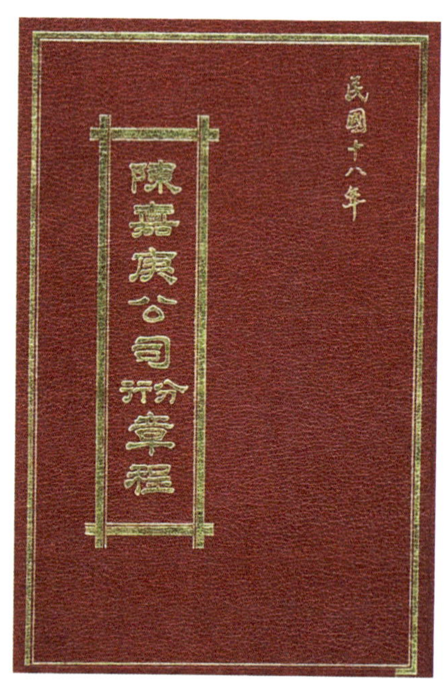

《陳嘉庚公司分行章程》

《章程》與眾不同之處還在於，在《章程》的各頁眉頭印有陳嘉庚擬定的警語 80 條。這些警語通俗易懂、富含哲理，既是陳嘉庚文明經商的經驗總結，也生動體現了陳嘉庚公司的企業宗旨、價值觀和企業文化。警語歸納起來，涵蓋愛國、敬業、誠信、友善、守法、勤儉等方面的內容。講愛國的有「戰士以干戈衛國，商人以國貨救國」「能自愛方能愛人，能愛家方能愛國」「惟有真骨性方能愛國，惟有真事業方能救國」等；講敬業的有「尊重本公司之職守，即為圖謀社會之公益」「受人委託即當替人盡力，受本公司委託即當替本公司盡職」「不能盡職於公司，又何能盡職於自己」「公司遙遠，耳目難及，不負委託，惟在盡職」「為官守印，為販守秤，為店員守櫃面」「無事要找事做，不要等事做；有事要趕緊做，不要慢慢做」「無事找事做，其人必可愛；有事推人做，其人必自害」等；講誠信的有「待人勿欺詐，欺詐必敗」「對客勿怠慢，怠慢必招尤」「以術愚人，利在一時，及被揭破，害歸自己」「顧客遺物，還之惟謹，非義勿取，人格可敬」「貨品損壞，買後退還，如系原有，換之勿緩」「謙恭和氣，客必爭趨；惡詞厲色，人視畏途」「貨物不合，聽人換取，我無損失，人必歡喜」「貨真價實，免費口舌；貨假價賤，招人不悅」等；講友善的有「與同業競爭，要用優美之精神與誠懇之態度」「隱語譏人，有傷口德，於人無損，於我何益」「招待鄉人要誠實，招待婦女要溫和」等；講守法的有「公司之規章，同於國家之法律」「法律濟道德之窮，規章作辦事之鏡」「好國民守法律，好店員守規章」「法規為公共而設，非為一人而設」「人類有服從法規之精神，即有創造事業之能力」等；講勤儉的有「智識生於勤勞，昏愚出於懶惰」「懶惰是立身之賊，勤奮是建業之基」「甘由苦中得來，逸由勞中得來」「金玉非寶，節儉是寶」「有錢須思無錢日，莫待無時思悔遲」「待人要敬，自奉要約」「財有限而用無窮，當量入以為出」「當省而不省，必致當用而不用」等，將為人處世的大道理深入淺出地道出，言簡意賅而發人深省。《陳嘉庚公司分行章程》及其眉頭警語早已成為構建集友銀行企業文化的一個法寶。

第二節　民族瑰寶　時代呼喚

2020 年 7 月 21 日下午，習近平總書記主持召開企業家座談會並發表重要講話時指出:「企業家要帶領企業戰勝當前的困難，走向更輝煌的未來，就要在愛國、創新、誠信、社會責任和國際視野等方面不斷提升自己，努力成為新時代構建新發展格局、建設現代化經濟體系、推動高質量發展的生力軍。」習近平總書記指出,「愛國是近代以來我國優秀企業家的光榮傳統。從清末民初的張謇，到抗戰時期的盧作孚、陳嘉庚，再到新中國成立後的榮毅仁、王光英，等等，都是愛國企業家的典範」，高度評價和肯定陳嘉庚等優秀企業家的愛國情懷。

偉大時代呼喚偉大精神。陳嘉庚是愛國企業家的典範，在愛國、創新、誠信、社會責任和國際視野等方面堪稱表率。陳嘉庚不僅創造了巨大的物質財富，還留下了寶貴的精神財富，為民族瑰寶增光添彩。

愛國主義是民族精神的核心。陳嘉庚以傾資興辦教育的方式體現自己的愛國情感，一生公而忘私、憂國憂民、剛正不阿，把忠於祖國、擁護中國共產黨、熱愛社會主義統一起來，造就了他偉大的愛國主義精神，這也正是「嘉庚精神」的核心和靈魂。他公字當頭，凡事以國家民族利益為先，把一切都獻給國家，國而忘家、公而忘私，正如郭沫若所說:「陳嘉庚為什麼這樣偉大呢？因為他做的事不是為他自己，是為老百姓。」他臨終前還念念不忘台灣必須統一、集美學校繼續辦學、囑咐遺產全部歸公，充分顯現了陳嘉庚愛國主義精神的至高境界。

創新是時代精神的核心，是一個國家興旺發達的不竭源泉，也是中華民族最鮮明的民族稟賦。社會發展歷史證明，人類進步的歷史，也是一部創新的歷史。人類的一切文明成果，都是創新思想的成果，都是創新智慧的結晶。陳嘉庚自小接受中華傳統文化的教育，成年後又受到西方文明的影響，加上他善於學習，勤於實踐，逐步形成了與時俱進的創新精神。創新精神無疑是陳嘉庚成就各項事業的源泉和動力。陳嘉庚企業經營上的諸多創新，在當時都是獨佔鰲頭，開風氣之先的，發揮了巨大的引領示範作用。在教育方面，陳嘉庚重視職業教育、華僑教育、社會教育和女子教育;「教育為立國之本，興學乃國民天職」,「三育」並重、以德為先，而德育應以愛國教育為首要的主張；理論聯繫實際，強調教學實習和社會實踐，培養學生動手能力和實用技能；創辦集友銀行,「以行養校」的做法，在當時都是十分先進的。陳嘉庚認為「工業需要革命，文化需要革命，還有更重要的一項，就是心理革命和人格革命」。在改造社會方面，他崇尚科學，反對愚昧，提倡移風易俗，反對封建陋習，提出了一系列社會改革主張，為推動社會文明進步作出了重要貢獻。

誠信是中華民族傳統道德中的基本倫理規範。「誠」既是道德規範，也是道德修養的態度和方法，其本義是「勿自欺，勿欺人」，基本要求是真實。「信」是「五常」之一，是誠實不欺、遵守諾言的品德。陳嘉庚不但對誠信倡導踐行，而且對「道德毅力」親之信之。他說過「我自己所能者僅為誠、信、公、忠四個字……」「但知為人有道德毅力，便是世間上第一難得之奇才，親之信之；反是，則離之絶之」。陳嘉庚講老實話、幹老實事、做老實人，一生誠實守信，說到做到，言必信、行必果，是誠信的榜樣。

人無精神不立，國無精神不強。陳嘉庚崇尚我國傳統文化中「窮則獨善其身、達則兼濟天下」和「為天地立心，為生民立命，為往聖繼絶學，為萬世開太平」的理念。陳嘉庚的企業社會責任思想不僅是他本人自覺主動和由內而生的價值追求，更是海外僑商為民族生存發展奮力拼搏的縮影。其思想可以概括為將海外華僑愛國愛鄉、奮鬥自強的高尚情懷與自我實現的人生理想緊密結合，並將之貫穿企業經營活動的始終，通過不斷地參與社會公益實踐，實現企業經濟目標與社會責任目標的統一。陳嘉庚以重義輕利的義利觀、傾心教育的事業觀、善用財富的金錢觀和堅守責任的價值觀為其企業社會責任思想作了最好的詮釋和踐行。

有多大的視野，就有多大的胸懷。陳嘉庚憑借其國際視野，胸懷祖國，放眼世界，通過經營實業興辦教育，投身政治社會活動，畢生追求教育救國、振興中華的夢想。陳嘉庚的企業發展戰略，大多基於對世界經濟的研判。經營航運獲厚利後，陳嘉庚轉而主攻橡膠業，「橡皮熟品制造廠之創辦，我亦為一種理想之提倡。二十世紀稱為橡皮之時代。歐美之盛，固不待言，島國日本已設廠至數百家，獨我國則尚未萌芽」，終執南洋橡膠業之牛耳，成為實力雄厚的跨國公司。相比歐美各國，祖國教育落後的狀況，堅定了陳嘉庚「教育為立國之本，興學乃國民天職」的信念。與經營實業相同，陳嘉庚興辦教育也飽含外爭國權、內利民生之深意。他不但在國內創辦了集美學校、厦門大學和眾多學校，還在僑居地辦學。在國內辦學，他既着眼於培養祖國所需要的各類各層次人才，又鼓勵畢業生走向世界，或就業或創業或留學，並招收各國華僑華人子弟或外籍人士入學；在僑居地辦學，他既着眼於培養華僑華人子弟的中華民族感情和熱愛祖（籍）國的信念，又着力培養僑居地發展經濟、文化教育事業所需要的人才。陳嘉庚既有強烈的愛國主義精神，又有崇高的國際主義精神。他不僅熱愛祖國和人民，愛僑護僑，也深愛僑居地和當地人民，並關心、同情、支持世界的正義和進步事業。

第三節　愛國愛港　休戚與共

集友人始終牢記創辦人陳嘉庚心繫桑梓的赤子情懷和「生於福建，長於香港」的歷史淵源。陳嘉庚的愛國主義精神鼓舞和激勵着一代又一代的集友人愛國愛港，與祖國休戚與共。

集友銀行在福建永安創辦之始就確立了華僑資金與祖國建設事業聯繫合作之關係。扎根香港以來，始終秉承「立基香港、聯繫華僑、服務社會」的經營理念，用心服務經濟社會建設。

幾十年來，集友銀行與祖國同心、同向、同行，與香港共命運、齊發展、共繁榮，贏得了香港各界的廣泛支持和由衷信賴，成為香港金融界的一支重要力量。幾十年來，在每次香港金融市場經歷的大風浪中，集友銀行不畏波瀾，為維持香港經濟金融繁榮穩定作出了力所能及的貢獻。

1998 年，金融風暴突襲香港，來勢洶洶的投機者如同洪水一般衝擊着香港的金融市場。中央政府便宣佈將不惜一切代價維護香港的繁榮穩定。有了堅強的後盾，香港特區政府發起了一場金融保衛戰。這一事件的親歷者、時任中銀國際證券總經理的馮志堅將香港特區政府這場沒有硝煙的戰爭稱為「金融抗洪」。實力雄厚的中銀集團被委以重任，戰鬥在「抗洪」第一線，發揮了重要的作用。集友銀行作為中銀集團的成員，始終與母公司站在一起，以國家利益為重，堅定維護香港的繁榮穩定。

2017 年，集友銀行加入厦門國際銀行集團大家庭後，進行品牌文化再塑，通過舉辦或參與各類社會活動，提升美譽度，努力讓品牌形象持續煥發光彩，推動「嘉庚精神」的薪火相傳、發揚光大，踐行初心和使命，凝聚社會正能量，展示了在新時代集友銀行服務改革開放、積極融入國家發展建設的決心和信心。

2019年，集友銀行主動作為，積極在大公報、文匯報等主流媒體上發聲，堅定支持全國人大制定和實施的《中華人民共和國香港特別行政區維護國家安全法》；全力宣傳、組織各方力量助選，支持愛國愛港議員；積極參與香港福建社團聯會、香港僑界社團聯會等組織活動。2019年10月，集友銀行主導承辦「重走嘉庚路・致敬新時代」主題系列活動香港站之「陳嘉庚基金聯誼會成立大會」「華僑旗幟・民族光輝——傳承嘉庚精神及華僑華人參加祖國建設成果展」等活動。活動旨在呈現一代僑領陳嘉庚愛國愛鄉、實業報國、投身教育的生平事跡，展現廣大華僑華人秉承「嘉庚精神」，在改革開放及新時代發展中所作出的重要貢獻，歌頌廣大華僑華人敢為人先的拼搏精神、與祖（籍）國榮辱相隨的家國情懷。

2019年，「重走嘉庚路・致敬新時代」主題系列活動開幕儀式（左一為時任厦門國際銀行總裁章德春）

2019 年，中國僑聯主席萬立駿（前排右二）、時任香港中聯辦副主任譚鐵牛（前排右一）等參觀「重走嘉庚路·致敬新時代」展覽

2020 年新冠疫情發生之初，集友銀行在厦門國際銀行集團的統籌下，第一時間聯繫海外華僑華人，從全球採購防疫物資輾轉千里轉運到香港及內地支持前線醫護抗疫。其間，集友銀行向香港醫管局、香港紅十字會、香港本地醫療機構以及湖北省、福建省等境內外 27 家新冠救治醫院捐贈數批次近千萬的醫療物資和防疫物品。一箱箱口罩、一車車醫護物資，這些款款善心和深深大愛凝聚成愛國愛港、同心抗疫的堅實力量，正是「嘉庚精神」在新時代的具體體現。

2021 年，集友銀行積極參與由中國僑聯舉辦的「追夢中華·百年赤子心」全球華僑華人短視頻徵集活動，最終集友銀行制作的短片《集友之光》在全球範圍內的眾多參賽作品中脫穎而出，榮獲最佳劇本獎。

2022年8月，為響應習近平主席在慶祝香港回歸25周年大會上關於「青年興，則香港興；青年發展，則香港發展；青年有未來，則香港有未來」的重要講話精神，集友銀行聯合集友陳嘉庚教育基金連續兩屆舉辦國際中學生陳嘉庚常識比賽，於2022年與厦門市陳嘉庚紀念館推出「華僑旗幟 民族光輝——陳嘉庚生平事跡展」進入校園展覽計劃，並在「第二屆國際中學生陳嘉庚常識比賽」頒獎典禮上舉行進校園啟動儀式，讓更多香港青少年領略「嘉庚精神」，為培育香港青少年愛國愛港情懷出力，引領香港青少年融入國家發展大局。

2022年，集友銀行組織員工參觀「鑒往知今——慶祝香港回歸25周年大型主題展」

第二章　以人為本　凝心聚力

員工是銀行的寶貴資產，集友銀行創建至今經歷了不同時代的轉變，員工發揮着重要的作用。「以人為本」突出銀行發展的本質，強調必須開發運用好人力資源，培養和造就一支品德好、素質高、能力強、守紀律、敬業精神佳的優秀員工團隊，同時不斷完善激勵機制，實現員工社會價值與個人價值的統一。集友銀行非常重視員工的才能發展和業餘活動，為員工提供良好的工作環境及職業發展機會，增強員工的歸屬感及凝聚力。

第一節　尊重人才　匠心培育

集友銀行注重人才培養，努力為員工營造積極向上、團結協作的工作環境，提供良好的職業發展機會，激發他們的事業心和進取心。集友銀行重視團隊建設，推出不同類型關於構建團隊、帶領團隊的培訓課程，促進銀行與員工、員工與員工之間的聯繫和互動，同時鼓勵員工進行跨單位溝通及輪訓，拓展員工視野，培養大局觀，互相支持協作，共同完成任務和目標。

1969 年入職集友銀行的林經緯回憶:「記得當時沒有電腦，還處在算盤的時代，要用手記賬，什麼都要由頭學起，幸得前輩們的樂意教導，令我受益良多。前輩們甚至語重心長地向我們訓示：你們要好好努力、好好成長，集友銀行以後就靠你們的了！」陳德豐和陳瑞顯父子兩代人都效力於集友銀行，陳瑞顯 1981 年入職，他回憶道:「最令我感受深刻的，就是集友銀行上下一心的團結精神，記得入行初期，對銀行的業務運作不太熟悉，還要一入職就擔任外匯買賣工作，涉及的交易金額龐大，幾乎是數百萬元，所以每天上班的心情是戰戰兢兢，……幸好當時有很多前輩『教路』，用心地栽培我，由外匯買賣工作以至外匯交易中的專用術語，前輩們都毫無保留地去教導我。」這些是曾效力集友的員工對銀行真實情感的流露。

1988 年，集友銀行員工新年聯歡宴會

1994 年，集友銀行組織員工在香港大嶼山旅行

2000 年，集友銀行老員工聯歡會

2015 年，集友銀行廈門分行、福州分行團建活動

2017 年，集友銀行組織退休員工進行春茗活動

2019 年，集友銀行舉辦「我能我行 敢夢敢拼」2018 年度表彰晚會

集友銀行鼓勵公開透明的內部溝通，設立了「總裁信箱」並定期舉辦不同層面的員工溝通會，鼓勵員工建言獻策，共謀發展。集友銀行秉持重視績效、發揮員工專長的經營理念，定期舉辦不同層面的業務和工作會議，通報和分析銀行經營情況，並邀請先進員工分享成功經驗，組織業務評比競賽及年度員工榮譽獎勵活動等，推動營銷文化，提高營銷士氣。1992 年舉辦「集友業務問答比賽」；1993 年舉辦「員工基本功操作比賽」；1997 年舉辦「集友『金禧杯』員工服務基本功比賽」「良好服務頒獎禮」；1998 年舉辦「良好服務零售業務競賽頒獎禮」；2007 年舉辦「『飛越六十載』業績表彰會」；2012 年舉辦「點鈔比賽」；2013 年舉辦「『凝聚力量・跨步向前』表彰會」；2015 年舉辦「『齊心奮進創佳績』聯動會」；2016 年舉辦「『創新思、建未來』聯動會」等。

股權交割後，集友銀行業務增長較快、組織架構不斷調整、系統升級和整合、營運外判回收、內評法和新會計準則實施、內地分行網點籌建、附屬機構開立、監管投入和管理要求不斷提升等，使得員工工作量持續加大，工作的挑戰性和複雜程度也大幅度提高，對人才的需求十分迫切。集友銀行樹立「以人才為本」的發展理念，抓住選人、育人、留人、用人、提人的「五大環節」，建立專業、系統化的人才培訓及發展機制。例如，2021 年總培訓人數 31550 人次，培訓時數 54392 小時，其中「業務專業及崗位序列」類課程 1—11 月總培訓課時同比增加 8683.5 小時，「企業文化」類課程及「金融科技」類課程總培訓人數分別增加約 211% 及 70%，用心培育銀行核心競爭力。

人才是第一資源，對發展、對創新都起到了關鍵性作用。集友銀行堅信員工是銀行的最寶貴財富，唯有依靠員工、培養員工、調動員工，充分發揮員工的聰明才智，才能夠創造銀行更加美好的未來。將「人」作為銀行資本增值的核心要素之一，狠抓「人才是第一生產力」這個牛鼻子，「以人才為本」打開發展的活力源，不斷朝着人力資本變革的道路邁進。

為了將人力成本、人力資源轉化為人力資本，集友銀行五年來不斷向「雙領先」靠攏：一是質量領先，在員工結構不斷優化的基礎上，將敢夢敢拼、競位爭先的理念融入日常工作中，深入鍛造善思、敢為、擔當、有品格、專業精的員工隊伍，着力打造素質過硬、作風優良的人才梯隊，將特別願意付出、特別願意奮鬥、特別願意展示才華的人凝聚在一起，以提升強化執行力為着力點，自上而下強化精細管理，促使全行上下形成合力，打開轉軌破局之路。二是價格領先，隨着銀行的發展，不斷提高基礎薪酬、績效以及各類短中長期福利等物質條件，營造開放包容的爭先文化氛圍。以「人＋組織＋管理」為切入點，給員工注入積極向上的血性和文化，培養具有創造力、責任心、主動性的人才，實現由人力成本、人力資源轉化為人力資本的價值提升。

集友銀行積極響應中央和香港特區政府號召，為業界培育人才，並為有志參與粵港澳大灣區建設的人才提供就業機會和金融服務。近年來，集友銀行積極參與香港金融管理局「銀行業人才起動計劃」、金融科技人才培育計劃（FCAS）—「空檔年」全職實習計劃、「金融服務業創職位計劃（FIRST）」，以及香港勞工及福利局、香港中國企業協會的「青春試翼——大學生啟航計劃」等，為「香港青年創新創業發展平台（青創平台）」等提供全方位金融服務和優惠，全力支持香港青年人才就業、創業，同時與香港及內地的 50 所高校建立了合作。自 2017 年股權交割以來，集友銀行累計引入超 200 名應屆大學畢業生，其中香港本地應屆大學畢業生超過一半，為廣大香港青年人才深入學習、了解、參與粵港澳大灣區建設提供了機會和空間。

2019 年 11 月，廈門國際銀行金融學院香港培訓中心成立，成為集團化培訓品牌建設的又一個重要里程碑，中心與香港中文大學商學院簽訂《戰略夥伴合作協議》，為銀行培育高水平的國際金融人才。香港培訓中心的成立是國際銀行培訓管理自主化的開端，將繼承國行文化，承接集團培訓體系，提供國際化的前沿培訓資源，打造青年銀行家的培養搖籃。

2019 年 11 月 6 日，舉辦金融學院香港培訓中心開幕典禮

當前粵港澳大灣區建設正如火如荼加速推進，並取得了令世人矚目的成績，這對於香港鞏固提升競爭優勢，更好地融入國家發展大局具有重大意義。集友銀行緊抓粵港澳大灣區創新機遇，努力創造高質量發展空間，通過佈局新機構網點、拓寬新業務領域、搭建人才交流平台等，為灣區人才創造更多築夢可能，截至 2020 年年末，集友銀行員工總數較 2017 年股權交割前增長超 60%，在實現自身穩健發展的同時，為廣大灣區尤其是香港青年人才提供了更多更具潛力的發展機會。

2022 年 6 月，集友銀行舉辦慶祝香港特區成立 25 周年暨集友銀行 2021 年度評優評先表彰典禮

近年，人工智能、大數據、雲計算、物聯網等新興技術急速發展並在銀行業界中普及應用，集友銀行積極響應政府號召，加強創科發展、瞄准新興產業、匯聚科技人才，於 2020 年在深圳成立全資附屬科技公司集友科技創新（深圳）有限公司，在支撐科技及業務發展的同時，積極為科技人才就業賦能。目前已引入 50 餘名科技創新人才，未來還將提供近百個科技人才就業及實習崗位，通過構建科技戰略發展平台，實現深港兩地「科技 + 金融」力量融合，在助力灣區青年築夢未來的同時，為粵港澳大灣區建設國際科技創新中心注入新動力。

同時，集友銀行加快搭建綜合經營體系，優化人才發展空間，深入研究和貫徹落實中國人民銀行等四部門發佈的《關於金融支持粵港澳大灣區建設的意見》及開展私募股權投資基金跨境投資試點的指示，於 2021 年 4 月份在深圳成功推進集友私募股權投資基金管理（深圳）有限公司（QFLP 公司）獲批並完成中基協管理人備案，成為近三年來中國首家獲得備案的銀行系 QFLP 公司，通過搭建平台吸引高層次人才，以創新之路支持粵港澳大灣區建設。談及集友銀行，深圳分行年輕員工深情滿滿：「初識集友是被這個飽含希冀的名字深深吸引，對蘊含着『集四海之友，助教育之興』

的企業使命心生嚮往；集友銀行有史以來就將自身的發展與國家教育事業的興盛緊密聯繫在一起，致力於以大格局、大擔當幹一番動人事業。」

集友銀行堅持傳承「嘉庚精神」，服務國家戰略，支持實體經濟，回饋社會，勇擔責任。2021 年，在「兩個一百年」奮鬥目標歷史交會的關鍵節點，集友銀行作為僑資銀行，創新探索在外資銀行內部開展黨的建設、加強黨的全面領導、以黨建促進高質量發展，成功推進籌建了集友銀行境內機構黨委和分行黨支部，讓黨建和業務同頻共振。2021 年 6 月 28 日，集友銀行境內機構黨委獲批成立；7 月 9 日，集友銀行有限公司福州分行設立黨支部，這是福州市首家也是目前唯一一家僑資銀行成立的黨支部，對積極推進僑資銀行黨建、為地方經濟建設提供組織服務具有重要意義。

船行致遠，在於集眾人之力。股權交割以來，集友成百上千的普通員工的涓滴投入匯聚成了銀行奔涌向前的磅礴力量，推動集友銀行在逐浪前行的過程中行穩致遠，形成千百萬人同心幹的態勢，其中最大動力在於「人」。

集友銀行獲得諸多榮譽獎項，有效促進了集友特色化僱主品牌建設，極大地提高了品牌競爭力，提升了銀行積極踐行企業社會責任的品牌形象。集友銀行連續多年獲頒「企業社會責任大獎」，2020 年獲得該類獎項 2 次，並榮獲「領航『9+2』粵港澳大灣區最佳商業銀行大獎」等多項殊榮。2021 年，連續 3 年獲得《Job Market 求職廣場》頒發的「卓越僱主大獎」及「CT good jobs」頒發的「Best HR Awards」獎項；榮獲《晴報》「第 6 屆金融業大獎」(Banking & Finance Awards 2021)銀行機構類別的「傑出可持續發展企業社會責任大獎」；榮獲「領航『9+2』· 第二屆粵港澳大灣區大獎評選」中的「粵港澳大灣區最佳銀行獎」；奪得《明報》首次主辦的「卓越財經大獎」；在《鏡報》月刊主辦的「第九屆傑出企業社會責任獎」中蟬聯「傑出企業社會責任獎」。

2021 年 7 月，集友銀行榮獲《明報》首屆「卓越財經大獎」，集友銀行行政總裁鄭威（右一）代表領獎

2022 年 8 月，集友銀行榮獲 Job Market 頒發的「卓越僱主大獎」（這已是集友銀行連續四年獲此殊榮）

2022 年，集友銀行在新城電台主辦的「香港回歸 25 周年企業貢獻大獎」嘉許禮上獲頒「香港回歸 25 周年企業貢獻大獎」

2022 年，集友銀行獲頒「粵港澳大灣區最佳銀行獎」，時任集友銀行副總裁陳耀輝（右四）代表集友銀行接受大會頒獎

第二節　關愛員工　用心用情

集友銀行十分重視員工的發展和福利，致力為員工提供職業發展機會及良好的工作環境，一方面對員工培訓及發展投入大量資源，激發員工的積極性；另一方面通過組織文娛康體活動、積極舉辦球類及演藝等公開比賽，協助員工在事業發展及工餘生活方面取得平衡。盈餘分配上規定了職工福利比例，關心員工生活，從而增加了員工對銀行的認同感和歸屬感。

集友銀行廈門總行 1948 年度盈餘分配表顯示，法定公積金、集美學校經費各為 20%，純利扣除法定公積金及集美學校經費淨餘所得，按所得稅法第五條第九項課稅 30%，1948 年淨利除上列各款先得提取外，餘數按下列成數分配：股東紅利 60%、董事監察人酬勞金 10%、總經理協理及職員酬勞金 25%、獎學金及社會事業補助金 5%。集友銀行除了集美學校經費，另列有獎學金及社會事業補助金 5%。

香港集友銀行 1948 年 5 月 23 日召開第一屆第三次董事會議紀錄顯示，董事會決議 1947 年度盈餘對股息紅利及花紅分派方案，對員工酬勞金也作了規定，為鼓勵員工，對員工考績作了規定，銀行對職工請假、休假、病假都作了詳細明確的規定，有利於促進職工更加專業化、職業化。1951 年 6 月 26 日，《大公報》曾報道香港集友銀行為全體職工辦理團體人壽保險，全部保險費由行方交付的新聞。

我們可以從一份檔案中獲知集友銀行總行和滬行職工薪酬大致概貌。1955 年時，集友銀行資方代理人與職工廈行 18 人、滬行 32 人。經理、副理每月薪水 200 ~ 250 元；主任級月薪 160 ~ 200 元，一般職員月薪 100 ~ 150 元，工友月薪亦在 70 ~ 100 元。平均每人月薪高達 140 元。此外，還有人事費用開支項目：1. 早晚膳貼；2. 供應午膳；3. 年終獎金；4. 工友值夜班費；5. 加班費；6. 不請假獎金；7. 車費津貼；8. 生育、婚喪津貼；9. 醫藥津貼等。調查意見認為，副理及職工薪水高於平均水平很多。可見，集友銀行當時的職工福利和薪酬還是較為優厚的，除較高的薪水外，各項福利也很不錯。

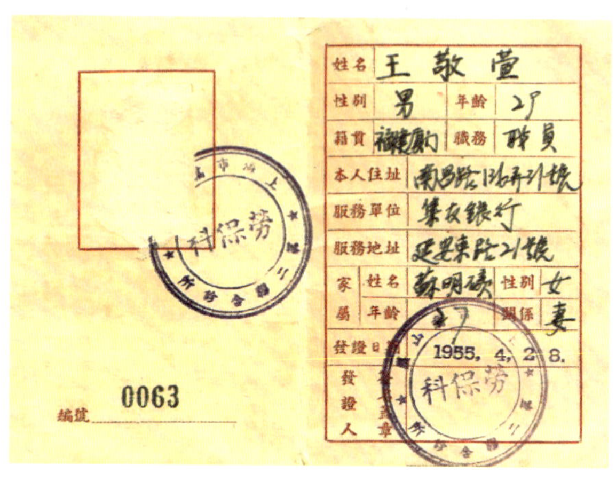

姓名	王敬萱		
性別	男	年齡	27
籍貫	廈門	職務	職員
本人住址	[illegible]		
服務單位	集友銀行		
服務地址	延安東路21號		
家屬 姓名	蘇明瑛	性別	女
家屬 年齡	27	關係	妻
發證日期	1955. 4. 28.		
發證人章			

編號 0063

20 世紀 50 年代，集友銀行上海分行職工就診證

上海市嵩山區第二聯合診所

勞保家屬診病證

持證人須知

一、職工直系親屬憑此證可向嵩山區第二聯合診所診病

二、本證遺失時即向本廠行政、工會報失，辦理補發手續

三、本證不得轉借他人或調換他人照片

四、勞保合約撤銷或職工離職時須繳銷此證

五、診病時仍須依次掛號遵守本所診病規則

20 世紀 50 年代，集友銀行上海分行勞保家屬診病證

上海市體育館
田徑練習證
姓名 王敬萱 性別 男
單位 集友銀行
發證日期 8月30日 練習時間 上午
本證有效期限自發給日起至1955年12月31日止。
第000081號

20世紀50年代，集友銀行上海分行職工田徑練習證

集友銀行創辦之初，努力營造企業形象，建立公司文化，增強員工對企業的認同感。1957年，第一屆全港銀行國際「厥祥杯」水上運動大會在金銀貿易場泳棚舉行，集友銀行捐贈全部獎品及費用，此後連續三屆由香港銀行華員遊樂會主辦的水運會均由集友銀行贊助。1959年，集友銀行成立12周年紀念，銀行宴請了全體職員和家屬，到會者120多人，由總經理陳厥祥、副總經理陳克承款待，席間並有抽獎助興節目，會後合影留念。

1959年7月15日，香港集友銀行舉辦十二周年聯歡紀念活動，時任總經理陳厥祥（前排中）、副總經理陳克承（前排左四）與職員及家屬合影

集友銀行舉辦多元化的文化活動，營造打拼在一起、生活在一起的大家庭氛圍，以熱情洋溢的文化氛圍激發員工工作熱情，增強全行的凝聚力和向心力。2018 年，舉辦各類活動，如「員工保齡球樂繽紛」「迎賀中秋暨國慶活動」「中企協第 8 屆運動會」「2018 年樂施毅行者」「寒冬送暖金絲帶義工活動」等，還參與集團「改革開放四十周年 國行奮楫新征程」文體嘉年華及其系列活動，協辦「國行杯」籃球聯賽首場香港站賽事等，激發職工工作熱情，提振全行凝聚力和向心力。

1971 年，集友銀行組織員工參加中銀集團運動會

1986 年，集友銀行舉辦籃球聯賽

1992 年，集友銀行組織員工參加「公益金百萬行」活動

2009 年，集友銀行舉辦慶祝中華人民共和國成立 60 周年聯歡晚會並精心準備禮物贈送員工

2014 年，集友銀行舉辦員工保齡球比賽

2016 年，舉辦員工及家屬「迪士尼歡樂之夜」嘉年華活動

2019 年，在對員工的關懷方面，集友銀行多項舉措將關懷轉換為切實的員工福利，為員工的工作和生活提供良好保障。例如，發放高溫津貼、交通津貼等；員工提拔和晋級，讓更多有能力、有潛力的年輕人走上各級管理崗位；重新檢視並調整員工休假與考勤制度、深化薪酬福利體系改革、建立績效獎金預發機制、升級午餐補助、擴大改進下午茶機制等。

2020 年新冠疫情發生後，集友銀行始終將保障員工健康放在首位，向員工及其家屬發放防疫用品，常態化做好疫情防控保障工作，持續採購防疫物資，為員工提供長期的防護。2020 年累計向員工派發防護口罩超過 33 萬個，提供「抗疫愛心包」呵護員工與家人的健康。積極了解員工的身體狀況和生活情況，開展關愛員工活動，及時發放抗疫津貼、提高午膳津貼及交通補貼，升級員工健康保障計劃，按比例延長未休年假至次年，多舉措宣傳疫情防控知識，組織防疫課程的學習培訓等，凝聚共同抗擊疫情的合力，增強文化凝聚力。為保障銀行正常運營，維護中資企業形象，集友員工保持 80% 以上的現場辦公比例，香港 24 家分行一線員工堅守崗位，頂住壓力提供優質服務；疫情中，部分分行暫停營業，員工仍堅持停業不停工，在疫情中堅守，在挑戰中奮進。

第三章　回報社會　共生共榮

厦门市人民政府

贺 信

香港集友银行:

值此集友银行成立70周年之际，谨致以热烈的祝贺！

香港集友银行是由“华侨旗帜 民族光辉”陈嘉庚先生倡办，由东南亚爱国华商集资，于1947年在香港注册成立的侨资银行。集友银行的创办旨在以银行的盈利补助厦门集美学校的办学经费，是嘉庚先生“教育为立国之本，兴学乃国民天职”精神的体现。

贵行成立70年来，尤其是中国银行参股经营后，在中银香港的鼎力支持下，全行职员团结协作、潜心发展，以“立基香港、连通中港、联系华侨”为宗旨，以“审慎经营，锐意拓展”为发展策略，历经风雨，砥砺奋进，成为一家业务品种繁多，客户遍及香港、东南亚和内地，具有中国传统风格的现代化银行。

贵行在70年发展历程中，不忘初心，一贯秉承嘉庚先生“以行养校，以行助乡”的宗旨，用优厚的经营业绩回报集美学校，有力地支持了厦门教育事业发展。除了股息红利以外，贵行还捐巨资支持教育事业，这种无私助学的义举赢得了社会各界的广泛赞誉。

面向未来，我们希望贵行继续弘扬嘉庚精神，勇于开拓，锐意进取，争取更大发展，继续为国家教育事业贡献力量。作为嘉庚先生故里，厦门将一如既往地关心和支持集友银行各项事业的发展。

厦门市人民政府

厦門市人民政府賀信

集友銀行成立於1943年，香港集友銀行成立於1947年，當時中國積貧積弱，銀行創辦之初規模亦不大，資本金雖小，但有大志向，從一開始即明確定位自己的使命是輔助集美學校的發展，盡顯集友銀行的社會責任意識。長期以來，集友銀行始終堅持對社會負責任的態度，秉持審慎穩健經營原則，在「嘉庚精神」引領下，把踐行企業社會責任逐漸內化成為銀行文化的重要組成部分。

第一節　助學幫困　初心不改

眾所周知，集友銀行原本就是為集美學校籌集經費而創辦的。1943 年 10 月 1 日，集友銀行原定股本法幣 400 萬元，收足半數 200 萬元先行營業，1944 年 8 月將未收股本 200 萬元撥讓給歸僑和厦大、集美二校校友參加，後又經增資，至 1951 年有股東 32 人。根據 1952 年 10 月 17 日「集友商業銀行股份有限公司第六次股東臨時會議錄」記載，海外股東陳六使、李光前、陳濟民、陳厥祥、陳國慶提議本行所有股東，除保留賬外投資於港緬方面的外幣外，將投資本行賬內的股款，全部捐作私立集美學校基金，當時多數股東表示贊同。其後經過洽商後，部分股東退股或轉讓。文件中列出的 17 人名單為陳六使、李光前、陳濟民、陳厥祥、陳國慶、陳村牧、葉采真、陳康民、劉梧桐、莊怡生、鄭自明、裘金、潘國均、潘國渠、潘國炎、陳子康、集美實業公司等，其中集美實業公司為學校的企業，陳村牧、葉采真是代表學校持有股份。

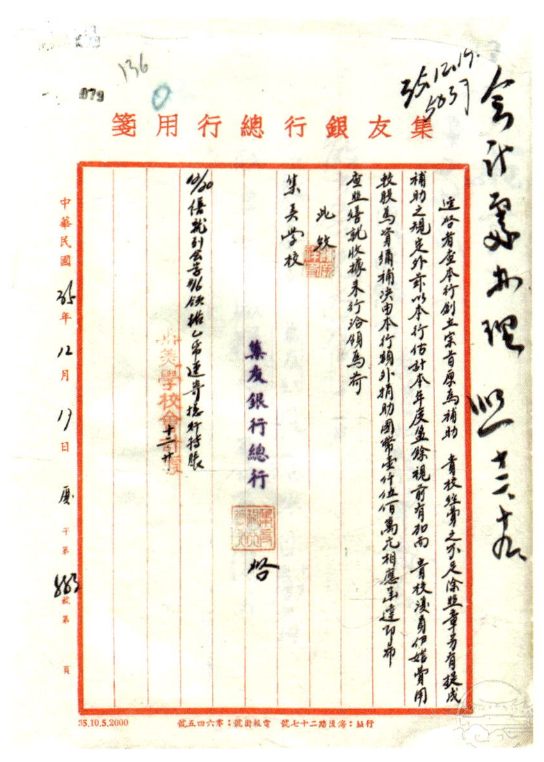
集友銀行總行用箋

逕啟者查本行創立宗旨原為補助 貴校經常之不足除照章另有提成補助之規定外茲以本行估計本年度盈餘視前有加而 貴校復員伊始需用孔殷為資補救決由本行額外捐助國幣壹仟伍佰萬元相應函達即希查照備就收據來行洽領為荷

此致

集美學校

集友銀行總行 啟

中華民國 35 年 12 月 17 日

1946 年 12 月，集友銀行額外捐助集美學校復員建設經費

一家銀行內部的道德標準、行為準則對公司的

文化及價值觀的形成有着極大的影響。從「為謀集美學校永久經濟基礎起見」而創辦集友銀行，到捐獻股本股權給集美學校，這是一項捐獻義舉，也為集友銀行樹立了良好的企業形象，後人還總結出集友銀行「以行養校、以行助鄉」的理念，這對集友銀行的企業形象建構有着重要的文化意義。

集友銀行厦門總行、滬行與港行之間通力合作籌謀經費，共同襄助陳嘉庚辦學，辦學之路曲折艱難，煩瑣複雜，全體集友人堅忍執着，共同分擔，拼搏努力。

香港集友銀行成立後，為集美學校建設購買所需各種建築材料、用品等，包括水泥、摩托車、食品、校景衝印、相紙、彩色膠卷及衝洗藥品、舞台聚光燈、農場和花園應用機器、花卉、柴油機、蚊帳、被布、熒幕、50周年紀念刊需用的光面銅版紙、龍舟賽獎品汽車零配件、電度校正表及感應器、鍍鋅水管及零件、桐油、圓鋼等，涉及的物品各式各樣。

此外，許多校友捐贈給集美學校的款物大多由集友銀行代辦，捐款如數存入學校賬戶，捐物由港行為學校寄運回厦，形成港行、校友、學校的網絡。例如，1963年，中國香港地區以及新加坡等地的校友通過香港集友銀行給母校50周年捐款、贈送紀念品等。港行在接到校友捐款後，如數存入學校賬戶。

作為香港集友銀行總經理的陳厥祥曾捐贈給集美學校教具、模型等，體現了對集美學校的愛護之情。1963年2月，集美學校50周年，陳厥祥贈送學校舢板四艘（輪船上的救生艇），以供學校師生作海上操艇鍛煉之用。1964年8月14日，港行寫信給集美學校委員會，函告陳厥祥生前備贈集美小學塑料教具兩箱，由船運送到厦門，集美學校委員會的檔案室保存的清單兩頁，所列教具清單包括名稱、尺寸、金額，總額為93820港元，各類模型達 53 種之多。

陳厥祥兒子陳克承先任香港集友銀行副理，1964 年後繼任總經理，對集美學校也多有關懷，檔案顯示他曾贈送鋼琴、意大利新式摩托車，1965 年購贈端午節龍舟競賽所需獎品等，合計 1876.5 港元。

集友銀行開業以來，經過歷代集友人的勤懇經營，始終如一，持續透過銀行派發的股息和紅利回饋教育，促進嘉庚遺產、遺業及公益事業乃至厦門市教育事業的發展，實現陳嘉庚支持教育事業的遺願，傳承及弘揚陳嘉庚愛國興學的崇高精神。集友銀行所創造出來的價值給予陳嘉庚遺留下的各項事業豐厚的回報和支持。以銀行盈利回饋教育，踐行嘉庚愛國興學的理念，這是集友銀行擔當社會責任的獨特之處。

集友銀行的主要股東之一——私立集美學校委員會提供的資料顯示，1990 年至 2021 年集友銀行股息資金分配共計人民幣 184241.916 萬元，每年平均分配人民幣約 5757.56 萬元，其中教育類分配合計人民幣 67475.34 萬元，佔比 36.2%；嘉庚遺產遺業及公益事業資金分配，佔比 63.38%。受益單位主要有厦門大學、集美大學、厦門海洋職業技術學院、華僑大學華文學院、集美中學、集美工業學校（原集美輕工業學校）、集美小學、集美幼兒園、集美二小、錦霞幼兒園（現集美實驗幼兒園）、集美校委會（應急防災儲備金）、陳嘉庚紀念館、集美圖書館、集美社公業基金會、集美校友總會、集友陳嘉庚教育基金會、陳嘉庚研究會、華僑博物院、厦門市第二醫院、集美街道辦、大田縣「第二集美學村」等。

另外，2001 年至 2015 年股息承擔建設項目總金額為人民幣 2.88 億元，具體情況:（1）嘉庚體育館建設項目 2001 年至 2005 年合計支付人民幣 1.16 億元;（2）集美中學新高中部建設項目 2007 年至 2011 年合計支付人民幣 8991 萬元;（3）濱水小區集美中學附屬學校建設項目 2009 年至 2016

年合計支付人民幣 5000 萬元;（4）厦門市第二醫院大樓建設項目 2012 年至 2015 年合計支付人民幣 3219 萬元。[①]

據統計，自 1970 年集友銀行加入中國銀行以後，1972 年至 2003 年上半年累計派發予集美學校股息及紅利共達 96500 萬港元。[②] 進入 20 世紀 90 年代以來，在銀行業務飛躍發展的情況下，股息和紅利更是大幅增長，也進一步增強了對陳嘉庚各項事業的支持力度。多年來，集友銀行派發予集美學校股息及紅利超過港幣 28 億元，有力支持了鄉社建設和教育發展。

實現陳嘉庚「以行養校」願望

集友銀行提一成股息

作集美學校教育基金

集美校委會等正制定基金管理辦法

1988 年 7 月 10 日，《大公報》關於集友銀行提取股息作為集美學校教育基金的報道

支持教育事業一直是集友銀行踐行社會責任的一個重要表現。在捐贈教育事業方面，集友銀行設立了基金會，其中最突出的是設立集友陳嘉庚教育基金會，對外捐贈廣泛用於助學、扶貧、幫困等社會公益。

為了紀念陳嘉庚創辦集友銀行的功績，集友銀行於 1986 年 12 月的股東特別會議作出決議:「自 1987 年財務決算年度開始，每年從銀行應派的普通股息中提取百分之十，贊助集美學校作為陳嘉庚教育基金」，旨在

① 資料來源於 2022 年 7 月 21 日對私立集美學校委員會副主任張志方的訪談。

② 楊伏山:《集友銀行派發逾九億六千萬股息支持集美學校教育》，中國新聞網， 2003 年 10 月 23 日。

弘揚「嘉庚精神」，促進集美的教育發展。1989 年 12 月 25 日，集友陳嘉庚教育基金會正式成立，產生第一屆理事會，並通過基金會章程等有關事宜，開始正常運作。

集友銀行自 1987 年至 1992 年 5 年共提取股息港幣 560 萬元，於 1989 年 3 月 3 日匯入港幣 25 萬元作為註冊資金，其餘經廈門市外匯管理領導小組辦公室批准同意將該款存在集友銀行「集友陳嘉庚教育基金會」賬戶上，同時以最優惠利率計息。基金會自 1989 年首次頒獎截至 2019 年，總計有 2799 名優秀教職工榮獲獎教金、11052 名優秀學生榮獲獎學金、2099 名在校貧困生獲得助學金。30 年來，集美學村獎教獎學項目頒發的獎金和助學金等費用共支出人民幣 1078 萬元。

1998 年 9 月，集友教育基金向福州大學捐款

2003 年，舉辦 2002—2003 年度集友陳嘉庚教育基金會暨第六屆集友教育基金大學助學金頒獎（贈）大會

2013 年，適逢集美學校建校 100 周年，集友銀行向集友陳嘉庚教育基金會捐贈 100 萬元

在厦門市委統戰部的有力領導下，在深入調研論證、廣泛徵求意見的基礎上，2017 年 5 月 27 日，集友陳嘉庚教育基金會完成更名和換屆，更名為「厦門市陳嘉庚教育基金會」，並依照有關法定程序修改《陳嘉庚教育基金會章程》，正式創設「陳嘉庚獎學金」，資助「海上絲綢之路」港澳台地區集美校友後裔學生和沿線國家華僑華人學生到厦門學習深造。陳嘉庚獎學金項目是為了深入貫徹落實習近平總書記給集美校友總會回信精神，以及更好地宣傳陳嘉庚的豐功偉業、傳承和弘揚「嘉庚精神」而創設的，是惠及海外華僑華人的公益項目。這一舉措立足長遠，惠澤海外，是響應國家「一帶一路」倡議，是對嘉庚事業的延續拓展，進一步廣泛弘揚了「嘉庚精神」。

2017 年至 2019 年陳嘉庚獎學金項目三年累計錄取海外學生 815 人，實際報到 719 人，實際支付獎學金總額合計 5599 萬元。截至 2022 年 6 月，實際報到學生 987 名，五年累計頒發陳嘉庚獎學金總金額 10592 萬元。

2017 年至 2019 年陳嘉庚獎學金項目錄取海外學生情況表

年度	錄取人數	生源國分佈
2017	369	泰國、緬甸、印度尼西亞、馬來西亞、柬埔寨、菲律賓、越南、老撾、新加坡
2018	224	泰國、緬甸、印度尼西亞、馬來西亞、柬埔寨、菲律賓、越南、老撾
2019	222	泰國、緬甸、印度尼西亞、馬來西亞、柬埔寨、菲律賓、越南、老撾、新加坡
合計	815	

資料來源：厦門市陳嘉庚教育基金會。

對於陳嘉庚獎學金項目，海外僑領予以高度讚賞。馬六甲華人社團領袖拿督顏天祿表示，陳嘉庚獎學金切實為海外華人辦了件實事，海外華人對此深懷感激。馬中絲路企業家協會總會長、馬來西亞海絲基金會理事長、厦大馬來西亞校友聯合總會會長沈君偉表示，支持並歡迎厦門市陳嘉庚教育基金會設立「陳嘉庚獎學金」，這是廣大海外華人子弟的福音，為維護祖國統一及繁榮昌盛發揮了積極作用。緬甸大其力大華佛經學校校長王瑞傑表示，感謝陳嘉庚獎學金項目為東南亞海外學子提供了獎學金留學的機會，喜愛中華文化的學子感到欣慰萬分。泰國集美校友會秘書長陳坤山表示，陳嘉庚獎學金為華裔子女回到祖籍國就讀提供了很好的機會，也讓海外華人感受到了祖籍國的溫暖。

2020 年 8 月，基金會走向大西北開展弘揚宣傳「嘉庚精神」和對口幫扶工作，捐贈陳嘉庚獎學、助學專項資金 9 萬元。2021 年 4 月，基金會積極參與「愛心厦門・圓夢助學」公益項目，共資助 21 名學生一年共 10.71 萬元。此外，基金會還通過開展「壯麗七十年 嘉庚精神伴我行」徵文比賽、「嘉庚・印象——留學生眼中的嘉庚先生」攝影比賽等豐富多彩的特色活動，弘揚「嘉庚精神」，通過加強開展各類對外聯絡聯誼工作，進一步提升影響力。

為傳承陳嘉庚興辦教育的精神，此前在 1994 年，集友銀行即捐資贊助福建省「科技成就獎」，連續 5 年共捐資 60 萬港元，以獎勵有重大貢獻的福建省科技人員。1996 年，集友銀行成立「集美教育專項」支持福建省及集美學校的教育事業，以實際行動追隨陳嘉庚的奮鬥足跡，充分體現了集友銀行對教育事業的高度重視，契合辦行初衷，傳承回饋教育的使命。

1995 年，集友科技成就獎頒獎儀式

1998 年起，連續 6 年資助福建省厦門大學、福州大學、集美大學及集美中學共計 100 名貧困學生，合共 300 萬元人民幣。1998 年，捐款 50 萬元人民幣資助福建省希望工程，分別支持福建省武平縣十方鎮興建和平小學、平和縣南勝鎮興建石坑村小學，以及捐資福建省老區建設促進會扶貧助學金用於修建燕坑希望小學及獅子頭希望小學。同年，向香港小西灣福建中學捐款 30 萬港幣，用於新校舍興建多媒體語言實驗室。

2000 年，向集美大學財經學院捐款 100 萬元人民幣，作為構建計算機實驗室的經費。

2005 年，向集美大學捐贈 30 萬元人民幣，以資助該校 100 名家境清貧的優秀學生。

2006 年，向厦門大學附屬中醫院捐款 20 萬港元，協助 400 名閩西山區先天性心臟病患兒童的救治。

2011 年，捐款 36 萬港幣贊助集友陳嘉庚教育基金會。

2012 年，向福建省平和縣廣兆中學捐款 15 萬港元。

2013 年，為紀念陳嘉庚創辦集美學校 100 周年，向集友陳嘉庚教育基金會捐款 100 萬元人民幣，獎勵集美學校和集美區屬學校優秀教師和學生及資助貧困學生，以實際行動繼續支持集美學校教育事業的發展。

2017 年，向福州市晋安區「教師進修學校附屬第二小學」捐款興建集友圖書館。

2009 年 4 月 10 日，厦門國際銀行與厦門大學教育發展基金會聯合發起成立國內首家中小銀行教育發展基金會——閩都中小銀行教育發展基金會。這是一個非公募性質的社團法人組織，原始基金為 1800 萬元人民幣。2017 年 3 月 27 日，集友銀行股權成功交割，正式成為厦門國際銀行的一員，也參與該基金會的慈善活動。2018 年集美大學建校 100 周年校慶期間，集友銀行連同閩都中小銀行教育發展基金會向集美大學捐贈 1000 萬元人民幣，為集美大學設立獎教獎學基金、資助學生社會實踐、開啟科創科研活動等提供支持，積極傳承和弘揚嘉庚先生興學精神。

2019 年 10 月，「陳嘉庚基金聯誼會」在香港成立，由集友陳嘉庚教育基金、閩都中小銀行教育發展基金會、新加坡陳嘉庚基金、馬來西亞陳嘉庚基金、馬來西亞中華大會堂總會、吉隆坡暨雪蘭莪中華大會堂、菲律賓厦門聯誼會、厦門市陳嘉庚教育基金會等與「嘉庚精神」有淵源的非營利性組織共同倡導發起，倡導以華僑華人為紐帶，在全球範圍開展多維度的交流與合作，擴大慈善公益的規模。

2021 年，由集友陳嘉庚教育基金榮譽贊助，陳嘉庚基金聯誼會主辦了「第一屆國際中學生陳嘉庚常識比賽」，這是集友銀行首次舉辦國際性的中學生常識比賽，首次以在線的形式進行國際比賽。比賽獲 36 所學校、共 96 支中學生隊伍積極參賽響應，取得了在國際社會傳承和弘揚「嘉庚精神」的良好示範效應。

2021 年 8 月，舉辦第一屆國際中學生陳嘉庚常識比賽（前排右四為時任集友銀行董事長呂耀明）

2022 年 6 月，「第二屆國際中學生陳嘉庚常識比賽」啟動，吸引了中國內地、中國香港、中國澳門、馬來西亞、菲律賓等國家和地區的 227 支中學生隊伍報名參賽，人數達 1135 名。8 月，比賽成績揭曉，馬來西亞巴生興華中學第二代表隊摘得桂冠。比賽全程以中文漢字和漢語進行，範圍主要為考查學生對陳嘉庚生平事跡的了解以及對海外華人簡史、中國近現代史的認知情況。「國際中學生陳嘉庚常識比賽」突破地域和國界的限制，在世界範圍內傳承「嘉庚精神」，推動了各地中學生進一步銘記歷史、珍愛和平，增強民族認同感和自信心，引發社會各界的熱烈反響。

2022 年 8 月 28 日，在第二屆國際中學生陳嘉庚常識比賽頒獎典禮上舉行「華僑旗幟民族光輝——陳嘉庚生平事跡展進校園啟動儀式」（右五為集友銀行行政總裁鄭威）

第二節　關懷社區　友愛社群

企業社會責任的一項重要內容是企業與社區的互動。在長期的發展過程中，集友銀行始終注重回報香港與福建兩地社會，逐漸形成自身的一項企業特色。「生於福建、長於香港」，這樣的描述與集友銀行成立背景和成長過程有着密切關係。

集友銀行植根香港、服務香港，積極響應政府與社會團體的號召，以實際行動表達對社區的關愛。集友銀行員工及義工隊持續多年參與社區活動，從 20 世紀 80 年代開始，集友銀行參加每年一度的「港島、九龍區公益金百萬行」盛事，支持慈善公益活動，履行企業社會責任。

2021 年，集友陳嘉庚教育基金有限公司向香港公益金捐贈 30 萬港元

1993 年，集友銀行贊助香港首次舉辦的「棋藝嘉年華會」活動。2010 年起，集友義工隊連續參與由香港仔街坊福利會舉辦的「寒冬送暖金絲帶行動」。2011 年，集友銀行參與香港漁農自然護理署舉辦的植樹日活動。2014 年，集友銀行參加由香港銀行公會主辦的「小小義工大行動」，關懷獨居長者。2015 年，集友義工隊參與「端陽暖萬心」派粽大行動，探訪獨居長者，關懷弱勢社群；參與由保良局主辦的「愛・社區探訪大行動」義工活動，探訪居於藍田區長者；多次參與由香港銀行公會舉辦的「活用銀行櫃員機」講座，向長者介紹如何使用自助櫃員機；開展「青年理財工作坊」活動，與中學生講解銀行及理財之道；開展「我是 Banker」活動，與中學生分享銀行崗位的工作經歷。2016 年，集友參與由環境局舉辦的「戶外燈光約章」計劃，為減低光污染貢獻一份力量。2014 年起，集友銀行連續 9 年獲香港社會服務聯會頒發的「商界展關懷」標誌，肯定集友銀行多年來履行社會責任，致力關懷社區、員工和環境關注的承擔。

2014 年，集友銀行義工隊參加由香港銀行公會主辦的「小小義工大行動」

2022 年，集友銀行義工隊參加香港仔坊會舉辦的「寒冬送暖大行動」

多年來，集友銀行除了積極支持集美學校發展和回饋教育，也大力推動閩港經濟發展，加強聯繫福建社團鄉親，展現出濃厚的福建文化色彩。1995—1997 年，集友銀行連續三年舉辦「水仙花展暨業務推廣活動」，在多間分行內設置小型水仙花展區，邀請漳州水仙花師傅為客戶介紹如何挑選水仙花頭，示範雕刻、養護企頭水仙花及蟹爪水仙頭等基本技巧，以特色營銷活動，加深與客戶關係及傳承福建文化。職員陳瑞顯回憶道：「這是我們分行第一次舉辦這類活動，毫無經驗可言，但整間分行同事以及總行的後勤配合，令活動最終舉行得非常成功！全體同事上下一心，將整家分行都佈置得美輪美奐。」

1995 年，集友銀行中區分行水仙花展

集友銀行在業務上，曾以「聚焦閩港兩地，實現特色經營」為業務發展策略，大力發展福建相關業務，帶動閩籍鄉親的投資、融資業務，加強兩地的往來溝通。在企業文化活動上，集友銀行有意識地促進員工對福建文化的認識。比如，2014 年分別在福州、厦門舉辦「環球市場經濟講座」，加強與閩籍客戶的交流；2015 年組織厦門集美、土樓導賞攝影團；2015 年起每年舉辦閩南語培訓班，鼓勵員工多用閩南語與福建客戶交流；2016 年福州分行舉辦「嘉庚精神演講比賽」「傑出閩籍人士講座」等，弘揚嘉庚精神，傳承誠毅品格。

集友銀行持續深化及拓展香港福建社團聯會及團體會員，參與及協辦福建社團舉行的大型活動，凝聚社群力量。2016 年與香港福建體育會聯合舉辦籃球友誼賽，協辦 2016 年港、澳、台、厦「福建杯」乒乓球邀請賽；積極參與香港厦門聯誼總會舉辦的「2016 年迎中秋慶國慶博餅聯歡晚會」等。

第三節　同心抗疫　共渡難關

2020 年初新冠疫情暴發後，集友銀行在厦門國際銀行集團的統籌部署下第一時間啟動應急機制，以金融的力量助力疫情防控阻擊戰，主動履行金融機構的企業社會責任和擔當。

疫情之初，鑒於抗疫醫療物資匱乏，集友銀行積極聯絡海外僑胞，聯合華僑華人的力量，克服困難，竭盡所能多渠道尋找抗疫物資供應商，採購如醫用口罩、防護服、護目鏡等緊缺醫療物資，轉運到香港及內地支持抗疫，向香港醫管局、香港紅十字會、香港明愛等慈善機構，以及湖北省、福建省等 27 家定點醫院捐贈醫療物資和防疫物品，有力支援抗疫一線，強化了傳承和弘揚「嘉庚精神」的良好社會形象。

新冠疫情發生後，集友銀行聯同陳嘉庚基金聯誼會第一時間採購防疫物資支援抗疫

2020 年，向香港醫院管理局捐贈抗疫物資（左二為集友銀行行政總裁鄭威）

2020 年，向香港紅十字會捐贈抗疫物資（右二為時任集友銀行副總裁陳耀輝）

2020 年 3 月，集友銀行、集友陳嘉庚教育基金、陳嘉庚基金聯誼會向集美大學捐贈「愛心口罩」

2022 年，香港第五波新冠疫情暴發，同年 3 月新增確診病例每日以萬計，集友銀行積極響應中央和香港特區政府號召，從境內外採購緊缺的防疫物資支援香港抗疫社團、醫護人員、社區群眾、福建鄉親及青少年等群體共同抗疫。

集友銀行聯合陳嘉庚基金聯誼會、集友陳嘉庚教育基金、香港金融科技青年協會多次捐資捐物援助香港福建社團聯會、香港醫管局轄下博愛醫院、香港直接資助學校議會、香港「青少年抗疫連線」等，累計捐贈快速檢測試劑盒、N95 口罩、連花清瘟膠囊等防疫抗疫物資共計 2.8 萬件。同時，捐資贊助「中醫醫療車義診日」，通過博愛醫院派出其轄下中醫服務團隊及 35 部中醫醫療車於香港島、九龍及新界各區進行義診活動，為廣大市民免費提供中醫內科診斷和兩劑濃縮中藥。

為支持香港特區政府抗疫及支援北部都會區社區抗疫工作，2022 年 3 月，集友銀行攜手元朗地區政府部門、非政府組織及社團、鄉事委員會等組成「元朗各界抗疫關注聯盟」，為居民提供中西醫抗疫熱線服務，募集及發放防疫抗疫物資，義工團隊主動支援前線醫護，配合政府抗疫行動，為守護香港家園出力。

集友銀行積極響應香港中聯辦「16 項支持特區政府防疫抗疫舉措」的號召，及時推出「同心抗疫」金融服務十大措施，加大企業和市民紓困幫扶力度，努力發揮金融抗疫力量，助力社會各界共渡難關。

面對嚴峻的疫情形勢，集友銀行福州分行在築牢疫情防控屏障的同時，積極為所在社區的抗疫工作提供支援。送上防疫物資、調撥電腦設備、派出科技人員、徵集志願者……2022 年向鼓樓區鼓東街道捐贈一座便民核酸採樣屋，為醫護人員營造了安全舒適的工作環境的同時，也為鼓樓區打造「15 分鐘核酸採樣圈」貢獻了一份集友力量。

在這場沒有硝煙的戰鬥中，集友人以實際的行動支援疫情防控工作，點滴匯聚皆是集友人始終堅持服務當地社會的拳拳赤子之心。

2022 年，集友銀行捐資贊助「中醫醫療車義診日」，為香港市民提供義診服務

2022 年，集友銀行向香港福建社團聯會捐贈抗疫物資

2022 年，集友銀行向香港青年聯會捐贈抗疫物資

2022 年，集友銀行福州分行捐贈便民核酸採樣屋

第五篇

奮進新征程

在中國近現代史上，「嘉庚精神」曾激勵和感召無數華僑華人弘揚愛國主義情懷，為祖國統一和民族振興而勇毅奮鬥。新中國成立後，許多海外華僑華人渴望回國投資參加祖（籍）國建設，僑匯在平衡國際收支中亦發揮了重要作用，華僑經濟金融在我國的發展也成為國家發展戰略的重要組成。改革開放以來，我國出台了一系列鼓勵和吸引華僑華人來華投資的政策，為華僑華人和僑資企業在華投資發展提供了良好的環境和可期的機遇。在開放政策的引導下，海外華僑華人基於深厚的愛國之情和對本土市場文化的兼容，以其在海外發展積累的雄厚財力和國際化發展經驗紛紛歸國投資設廠，持續參與祖（籍）國的現代化建設，在拉動國內經濟增長、深化對外開放、增加就業以及加速城鎮化進程等方面作出了卓越的貢獻。華僑華人還通過參辦商業銀行等僑資金融機構，為中國金融業的高質量發展發揮了重要作用。因此，華僑華人和僑資企業在華發展與中國經濟及金融高質量發展有着相輔相成的關係。隨着中國經濟的持續增長，海外華僑華人希望進一步融入祖（籍）國發展的熱情亦日趨高漲。

在新形勢下，中國經濟的高質量發展離不開廣大華僑華人和僑資企業的接續參與和持續貢獻。大力發展華僑金融，為華僑華人經濟注入金融活水，提升對海外僑胞、僑企的金融服務質效，有利於構築金融統一戰線，團結海外華僑華人在新形勢下迎難而上、守正創新，積極應對新變化，迎接新挑戰，以更飽滿的家國情懷和共克時艱的決心和勇氣進一步參與中國建設大業。

第一章　展望未來　繪就藍圖

當前，人類社會正處在一個大發展大變革大調整時代。面對百年未有之大變局和複雜多變的國內外形勢，中國提出了「一帶一路」的發展倡議，正構建以「國內大循環」為主體，國內國際「雙循環」相互促進的新發展格局。

隨着中國經濟的持續增長，海外華僑華人希望進一步融入祖（籍）國發展的熱情亦日趨高漲。順應時代發展形勢，進一步發揚「嘉庚精神」，集友銀行將持續優化橫跨陸港澳三地的國際化佈局，打造「海上絲綢之路」精品銀行，積極開拓華僑金融發展新局面。

第一節　勇毅傳承　重塑旗幟

展望未來，集友銀行將懷揣「誠毅」之志、賡續「嘉庚精神」，不斷開啟新發展篇章。依託80年來深厚的歷史底蘊與多年來服務海外華僑的良好口碑與強大影響力，集友銀行將繼續秉承「立基香港、聯繫華僑、服務社會」的宗旨，發揮位於香港國際金融中心的獨特地理優勢，不斷改革創新，增強服務能力與國際化特色，採取「內涵式」+「外延式」的發展模式，着力服務國家戰略，聚焦「粵港澳大灣區」和「一帶一路」建設，發揮華僑金融特色，打造成為「海上絲綢之路」精品銀行，將華僑金融綜合服務旗艦駛向更為廣闊的天地。

一、加強國際化佈局，提升華僑金融服務覆蓋面

集友銀行將勇敢踏上陳嘉庚帶領華僑華人服務祖（籍）國建設的光輝路徑，「重走嘉庚路，服務新時代」，力爭達成在內地主要中心城市及「海上絲綢之路」和東南亞主要國家的戰略佈局，搶抓粵港澳大灣區建設與福建高質量發展超越的戰略機遇，將自身的網點版圖進一步向粵港澳大灣區和福建省主要經濟發展區域擴充，積極服務廣東、福建僑鄉的經濟建設與產業升級。同時，積極「走出去」，接續參與「一帶一路」建設，充分利用在東南亞的強大影響力和多年來服務華僑華人的人緣優勢，積極籌劃推進新加坡分行和馬來西亞分行等分行的設立工作，努力實現華僑金融服務從我國東南沿海地區、香港、澳門等地進一步向東南亞乃至全球輻射，不斷擴大華僑金融服務的覆蓋面及嘉庚遺業影響力，更好、更廣泛地服務廣大華僑華人。

二、發揮金融綜合牌照優勢，為華僑經濟提供全方位服務

集友銀行將在集團化風險管控、跨界風險分離的前提下，依託香港作為中國金融和自貿橋頭堡的獨特地位，利用自身境內外網點和母行廈門國際銀行集團的國際化佈局優勢，並充分發揮自身金融綜合牌照的優勢，深入踐行廈門國際銀行集團華僑金融服務標準，積極搭建起高效優質的跨境金融平台，創新華僑金融專屬產品與服務，打好華僑金融綜合服務「組合拳」；全力整合全行內部各種經營資源，發揮「商行 + 投行、銀行 + 非銀、境內 + 境外、股權 + 債權、表內 + 表外」的差异化經營優勢，着力把華僑金融業務做精、做專、做透，為華僑華人、僑企提供全方位金融服務，為境內企業「走出去」與僑資企業「引進來」保駕護航。在「嘉庚精神」的引領下，打造成為華僑金融綜合服務旗艦。

2022 年 12 月 29 日，厦門國際銀行黨委副書記、行長曹雲川（時任厦門國際銀行黨委委員）通過線上的方式正式對外發佈銀行業首個華僑金融服務標準

三、強化金融科技創新賦能，不斷提升華僑金融服務質效

集友銀行將聯合母行厦門國際銀行及集友科技創新（深圳）有限公司強大的金融科技力量，加大數字科技資源投入，積極夯實強化數字科技硬實力，不斷深化金融科技和金融技術的組合式創新，積極擁抱數字化浪潮，借力數智化轉型賦能，進一步引領各項業務高質量創新發展，不斷提升華僑金融服務質效，並助力粵港澳大灣區及香港北部都會區「金融＋數字科技」融合發展。

四、傳承弘揚嘉庚精神，通過高質量華僑金融發展支持興學助鄉

圍繞「恪守誠信、以人為本、價值創造、服務社會」的核心價值觀，積極傳承和弘揚「嘉庚精神」，堅持踐行企業社會責任，秉承「以行養校、以行助鄉」的設立初衷，積極通過高質量業務發展反哺教育發展、家鄉發展，持續捐資助學，積極弘揚興學愛國，將集友銀行的核心價值有效地傳遞給客戶、員工、股東及社會，全力打造富有知名度、忠誠度、美譽度的品牌形象，在新時代接續弘揚「嘉庚精神」。

第二節　內外聯動　勇擔先鋒

厦門國際銀行與集友銀行歷史同根、文化同源、華僑金融使命共擔。近年來，厦門國際銀行堅持以習近平新時代中國特色社會主義思想為深化對外開放的根本遵循，秉承境內外融合的「華僑」基因，亦將「重塑華僑金融旗幟」作為經營發展的使命和責任，深度融入國家對外開放大局，重點為「走出去」及「引進來」僑商僑企搭建跨境金融服務平台，積極服務港澳同胞及華僑華人客戶，持續賦能華僑華人經濟圈高質量發展，並致力於打造華僑金融標杆銀行。

一、華僑基因與生俱來，機構佈局貫通三地

厦門國際銀行集團成員自誕生起便烙下深刻的「華僑基因」，境內外三地機構股東均有大量的愛國華僑。厦門國際銀行外方創始人是著名閩籍愛國華僑李文光，其通過控股的香港泛印集團在厦門國際銀行創立之初曾持有厦門國際銀行 60% 的股權；附屬機構澳門國際銀行早在 1974 年由愛國華僑李文光設立，目前華僑華人資本佔比近 50%。經過多年發展，厦門國際銀行形成了「以內地為主體、以港澳為兩翼、以東南亞為延伸」的戰略佈局。厦門國際銀行以「人本、誠毅、開拓、擔當」為企業核心價值觀，其中，以「誠毅」為代表的「嘉庚精神」，儼然已成為厦門國際銀行聯結境內外三地機構的精神紐帶。

二、確立「僑牌」戰略方向，創設華僑金融專業服務體系

厦門國際銀行將華僑華人客群視為重要客戶群體，並在厦門國際銀行第五個五年規劃（2021—2025 年，以下簡稱「五五規劃」）中明確提出「發揮福建僑鄉優勢，打好『僑牌』」，將勇當華僑金融服務主力軍作為未來重點戰略方嚮之一。同時，厦門國際銀行還積極制定華僑金融總體發展指引，率先建立和完善華僑金融服務體系，構建華僑金融組織機制，為僑商僑企、華僑華人、歸僑僑眷等提供全方位、多元化、國際化的特色金融服務。2022 年 9 月，廈門國際銀行正式成立華僑金融部，成為國內首家成立華僑金融專業服務部門的中小銀行，自此，廈門國際銀行進一步完善了自身華僑金融專業服務體系，為推動閩粵港澳及東南亞和諧發展搭建新橋樑。2022 年 12 月，廈門國際銀行通過銀行間市場成功簿記發行 100 億華僑金融主題普通金融債券，募資加碼華僑金融；並在同月進一步發佈銀行業首個華僑金融服務標準——《廈門國際銀行股份有限公司企業標準——華僑金融服務標準》①，該標準參照國家、金融行業相關標準，結合業界實踐，打造華僑金融企事業客戶、個人客戶、同業客戶金融服務體系，助力推進華僑金融服務標準化建設、專業化發展。

2022 年 9 月 6 日，廈門國際銀行集團華僑金融部揭牌儀式（右三為廈門國際銀行董事長、集友銀行董事長王曉健）

① 該標準規定了涉僑金融業務範圍、金融產品與服務體系、金融服務渠道等內容，旨在明確相關金融服務標準，促進金融業務規範、健康發展。

多年來，厦門國際銀行積極發揮內地、香港、澳門三地戰略佈局及國際化的核心優勢，深度融入國家對外開放大局，積極推進華僑金融發展戰略，傾心服務華僑華人客戶；充分發揮在跨境投融資、離岸金融、跨境人民幣、跨境投行、跨境財富管理、金融科技等方面的優勢，為港澳同胞、華僑華人享受高質量的跨境金融產品和服務提供有力保障；針對不同華僑華人客戶群的差异化需求，推出跨境支付結算、投資理財、代理保險及資產管理系列特色化產品與服務；推出「華僑金融服務月」系列活動，深化僑界僑企共建聯建，並正會同境內外三地機構積極研究創設華僑金融專屬服務卡。截至2022年年末，厦門國際銀行集團已與400餘家僑商僑企達成合作，華僑金融業務量超人民幣260億元。未來，厦門國際銀行將繼續加強集團內外聯動，圍繞專業化、廣泛化、特色化、精細化服務四大方向，延伸華僑金融服務觸角，為華僑金融提供「暖心、安心、用心、省心、貼心」的服務體驗。

三、深耕閩粵港澳僑鄉，積極服務國家區域發展

廣東與福建兩省是我國著名的僑鄉，厦門國際銀行積極發展華僑金融，推動構築金融統一戰線，積極調動廣大粵籍、閩籍海外華僑華人的力量，助力粵港澳大灣區建設、福建全方位高質量發展超越、厦門金磚國家新工業革命夥伴關係創新基地建設等國家重大區域發展戰略。堅持「聚焦主業、回歸本地」的業務高質量轉型導向，組織總、分行結合福建、廣東本地政府政策、發展規劃，強化對本地市場的調研工作和實體經濟支持力度。此外，2021年2月，在福建省委、省政府和澳門特區政府及相關單位的大力支持與指導下，厦門國際銀行內地、香港、澳門三地機構會同中華（澳門）金融資產交易所聯合舉辦「共建『一帶一路』閩澳『併船出海』」——支持閩籍企業跨境融資戰略合作簽約儀式，發揮自身國際化特色優勢，推動跨境投融資便利化，助推閩企出海，反哺福建經濟發展，對推動福建全方位高質量發展超越、助推具有澳門特色的「一國兩制」成功實踐具有重要意義。

2021 年 2 月 4 日，共建「一帶一路」閩澳「併船出海」——支持閩籍企業跨境融資戰略合作簽約儀式（前排右一為時任厦門國際銀行副總裁兼澳門國際銀行總經理焦雲迪）

未來，厦門國際銀行還將優先推進在廣東、福建、浙江等國內著名僑鄉強化機構網點特色化升級，打造華僑金融特色服務支行，設置華僑金融專櫃或專窗，積極構建「華僑金融支行—分行—總行」三位一體的「直通式」華僑金融營銷鏈路，塑造鄉情金融暖心品牌。

四、賡續弘揚「嘉庚精神」，積極踐行社會責任

厦門國際銀行積極凝聚全行力量，勇擔社會責任，彰顯以國家和民族為重的「嘉庚品格」。新冠疫情以來，厦門國際銀行集團先後向內地、港澳及東南亞地區多家機構捐贈醫療物資或善款，大力支持醫護人員及扶助弱勢社群，並組織參加了多場政銀企對接會，獲得了社會各界廣泛讚揚。

除了積極推進金融抗疫，厦門國際銀行也秉承集友銀行「以行養校、以行助鄉」的設立初衷，積極弘揚興學愛國。2020 年 1 月，厦門國際銀行攜手閩都中小銀行教育發展基金會聯合發起的「匯愛育人」教育扶貧公益項目，在對口扶貧示範區——寧夏回族自治區閩寧鎮設立「厦門國際銀行—閩都基金會『匯愛育人』基金」，向閩寧鎮捐贈 150 萬元，用於支持閩寧鎮教育扶貧、捐資助學等公益事業。厦門國際銀行堅持「金融之上、勇立潮頭」的發展使命與「發展取之於民，成果惠之於民」的崇高理念，將「嘉庚精神」融入企業文化，啟迪銀行員工從「嘉庚精神」中汲取力量，未來厦門國際銀行亦將繼續攜手閩都中小銀行教育發展基金會，持續捐資助學，致力教育扶貧。

2020 年，厦門國際銀行「匯愛育人」扶貧公益項目啟動（左二為時任厦門國際銀行總裁章德春）

厦門國際銀行集團積極踐行金融責任，誠毅回饋社會，參與抗疫金融；同時，發揮國際化特色，強化跨境金融優勢，積極發展華僑金融，服務海外僑胞僑企，凝聚僑心統一戰線，團結世界各地華僑華人愛國愛鄉，進一步服務國家及區域發展戰略，這亦是新時代傳承和弘揚「嘉庚精神」的重要實踐。

第三節　踔厲奮進　打造標杆

在着力深化推進集友銀行「重走嘉庚路」、重塑華僑金融旗幟的同時，厦門國際銀行集團秉承着境內外融合的「華僑」基因，也具備發展華僑金融的天然優勢和產品服務優勢。不僅如此，厦門國際銀行華僑金融的發展與實施更大範圍、更寬領域、更深層次的金融開放的理念也是一脈相承的。

在新時代背景下，厦門國際銀行將秉持「專注服務僑胞僑眷」的理念和踐行金融開放的改革先鋒精神，依託科技與創新驅動的力量，深耕僑

2022 年，集友銀行參加香港僑界聯會活動

鄉，服務國家區域發展，輻射境外，助力「一帶一路」建設，努力實現國內華僑金融領域客群最廣、服務最優、品牌影響力最強的目標，打造成為「華僑金融標杆銀行」！

厦門國際銀行華僑金融未來總體發展策略可以用「一二三四五」體系來描述，即秉持「專注服務華僑華人、廣泛團結僑胞僑眷」一個心願，依託僑務工作機關、華僑華人社團兩大橋樑，圍繞塑造特色金融創新品牌、塑造區域金融優勢品牌、塑造鄉情金融暖心品牌三大定位，堅定專業化、廣泛化、特色化、精細化服務的「專廣特精」四大方向，構築「聚僑胞、拓僑道、建僑制、優僑服、樹僑牌」五大體系，在新發展形勢下努力將厦門國際銀行打造成「華僑金融標杆銀行」。

一個心願。以「專注服務華僑華人、廣泛團結僑胞僑眷」為發展華僑金融的心願與使命，並依託厦門國際銀行國際化佈局、澳門國際銀行深耕澳門及葡語系國家平台以及集友銀行扎根香港並服務「一帶一路」南線的優勢和特色，廣泛團結海內外僑胞，以金融發展構建更加廣泛的統一戰線，共促中華民族偉大復興。

兩大橋樑。充分發揮厦門國際銀行僑資背景特色及相關政策支持優勢，深入佈局主要僑鄉，與僑務工作機關、華僑華人社團構建友好合作關係，共建服務僑胞、僑商僑企的堅實橋樑。

三大定位。圍繞華僑金融塑造「特色金融創新品牌、區域金融優勢品牌、鄉情金融暖心品牌」三大品牌，重塑彰顯特色、貫通區域、凝聚鄉情的華僑金融旗幟，將華僑金融塑造成為銀行推動特色金融獨特發展的創新品牌，並以華僑金融地緣式發展助力區域經濟金融高質量發展。

四大方向。堅定專業化、廣泛化、特色化、精細化服務的「專廣特精」四大方向，面向華僑金融建立一套專業化的經營模式，延伸華僑金融服務觸角、廣泛觸達僑胞群體，提供特色、精細、一站式的差异化綜合服務。

五大體系。圍繞客群、渠道、機制、服務、品牌五個方面，構築「聚僑胞、拓僑道、建僑制、優僑服、樹僑牌」五大體系，形成涵蓋短中長期的全周期發展策略。積極推動同業間華僑金融合作，「以僑引僑、以僑帶僑」，構建華僑金融特色生態聯盟；延展華僑金融特色服務渠道，推出華僑金融線下特色服務網點，在國內著名僑鄉強化機構網點特色化升級，打造華僑金融特色服務支行；建立華僑金融特色體制機制，打造華僑金融特色服務體系，構建集團化、多層次、綜合性的華僑金融產品和服務體系；樹立華僑金融金字品牌，提升厦門國際銀行華僑金融服務影響力。

未來，厦門國際銀行集團將充分利用港澳同胞和閩籍華僑華人在香港、澳門和東南亞地區的「地緣」「人緣」「血緣」優勢，發揮澳門國際銀行深耕葡語系國家平台以及集友銀行服務「一帶一路」南線的優勢和特色，打好「港澳牌」「華僑牌」，凝聚僑心僑力，積極助力「一國兩制」「一帶一路」「雙循環」、區域發展戰略、深化金磚國家戰略夥伴關係等國家重大戰略及倡議，致力將集友銀行和澳門國際銀行打造成為華僑金融主力軍，助力境內外經濟金融融合發展。同時，進一步傳承弘揚「嘉庚精神」，沿着海上絲綢之路，將華僑金融從境內沿海、香港、澳門等地向東南亞延伸，架起連接內地與香港、華僑與祖國之間的橋樑，促進凝聚廣大僑心僑力，積極賦能華僑華人經濟圈高質量發展，更好地服務支持新發展格局，助力中國式現代化建設，並不斷為國家事業和中華民族偉大復興作出更大的貢獻。

集友銀行大事記

1943—2022年

1943 年

經陳村牧和陳濟民、陳厥祥及部分校友商議，決定從新加坡匯回的款項中撥出 200 萬法幣，發起成立集友銀行。（1942 年新加坡淪陷前夕，按照陳嘉庚的建議，陳六使、李光前等親友向集美學校匯款 855 萬元國幣）

5 月 1 日，集友銀行發起人會議在安溪集美學校董事會辦事處舉行，選舉陳嘉庚、葉道淵、陳村牧、陳六使、李光前、陳濟民、陳厥祥、陳博愛、葉采真為董事，丘漢平、陳國慶、陳康民為監事。

9 月 18 日，集友銀行在福建永安舉行第一屆第一次董監聯席會議。

10 月 1 日，集友銀行總行在福建永安開業。

11 月 1 日，集友銀行東興及柳州辦事處開業。

1944 年

1 月，柳州辦事處未獲批准，後即撤銷。

3 月 15 日，集友銀行泉州辦事處開業。

1945 年

3 月 15 日，集友銀行大田通訊處成立。

9 月 1 日，集友銀行福州辦事處開業。

10 月 21 日，集友銀行總行由永安遷厦門，永安設通訊處，辦理總行未了業務。

12 月 1 日，集友銀行總行在厦門海後路 27 號開業。

1946 年

5 月 4 日，東興辦事處遷往漳州營業，集友銀行漳州支行開業。

6 月 25 日，集友銀行永春通訊處成立，大田通訊處撤銷。

1947 年

3 月 5 日，集友銀行厦門總行舉行第一次股東常會產生第二屆董事及監察人。選舉陳厥祥、陳六使、李光前、葉采真、陳村牧、劉梧桐、李克芽、陳濟民、陳康民 9 人為董事，鄭揆一、莊怡生、葉道淵 3 人為監察人。

4 月 2 日，在陳厥祥主持下，集友銀行香港通訊處成立。

4 月 8 日，集友銀行厦門總行舉行第二屆第二次董事會，議決：香港集友銀行「應以獨立為宜」，不隸屬於集友銀行厦門總行；資本定為港幣 25 萬元，先收 40%（港幣 10 萬元）開始營業，集友銀行厦門總行參股 70%。

4 月 24 日，集友銀行獲批准在香港註冊成立。自此，集友銀行分為厦門、香港兩大分支。

7 月 15 日，集友銀行在香港正式開業，首任董事長為陳六使，陳厥祥任總經理。

1949 年

11 月 13 日，中國人民銀行厦門支行核准集友銀行厦門總行復業。

1950 年

2 月 5 日，中國人民銀行厦門支行核准集友銀行厦門總行為辦理僑匯銀行。

3月9日，中國人民銀行廈門支行核准集友銀行廈門總行為辦理外匯指定銀行。

4月，香港集友銀行行址由中天行遷入雪廠街10號舊顯利大廈地下，業務始有較大發展。

11月20日，集友銀行上海分行開業。

1951年

4月25日，中國人民銀行廈門支行核准集友銀行廈門總行代理儲蓄存款業務。

1952年

2月22日，中國銀行廈門分行準集友銀行廈門總行代理華僑儲蓄存款業務。

10月17日，集友銀行廈門總行舉行第六次股東臨時會議。審議海外股東陳六使、李光前等人關於將投在集友銀行廈門總行賬内的股款全部捐作私立集美學校基金的提議，多數股東表示贊同。

12月，上海金融業全行業實行公私合營，集友、華僑、東亞等3家僑資銀行仍獨立經營。

是年香港集友銀行獲准為外匯銀行公會會員及香港銀行票據交換所會員行，是當年22家直接交換行之一。總經理受聘為香港銀行華員遊樂會（現香港銀行華員會前身）名譽會長。

1953年

集友銀行廈門總行董事會向各股東發出將股份捐獻給集美學校的號召，得到主要股東的熱烈響應，並基本完成捐贈。

1955 年

周恩來總理於 1955 年 3 月 26 日覆函陳嘉庚並指示人民銀行：廈門、上海集友銀行仍繼續經營，業務上由國家銀行幫助，保證集友銀行有利可圖，不使虧損。多餘人員可安置在國家銀行。

1959 年

8 月，香港集友銀行獲准為外匯授權銀行，即向英國倫敦匯豐銀行開立外幣存款戶，直接經營外匯進出口業務，並建立海外代理關係。

11 月，香港集友銀行在北角英皇道 412–414 號地下自置行址開設本行第一家支行——北角支行，擴大服務範圍。

1960 年

1 月，香港集友銀行開設本行在九龍區的第一家支行——紅磡支行，自置行址設於九龍漆咸道 240–242 號地下。

1961 年

8 月 12 日，集友銀行倡辦人陳嘉庚在北京病逝。

1962 年

香港集友銀行購入德輔道中 76–80 號物業三幢，成立誠信置業有限公司，籌建總行大廈。

1964 年

6 月 25 日，香港集友銀行總經理陳厥祥病逝。

7 月，香港集友銀行董事會推陳克承任總經理。

1967 年

1 月，香港集友銀行總行遷入自建的德輔道中 76–80 號集友銀行新大廈營業。

1968 年

7 月，集美學校委員會授權中國銀行香港分行代管集美學校在香港集友銀行的股份。

是年由於香港經濟不景氣，香港集友銀行亦受到波及並面臨困境。董事長陳六使和主要股東委聘中國銀行香港分行代管集友銀行。

1970 年

為符合當年香港《銀行業條例》對最低資本額的規定及適應業務發展，經董事會議決，邀得中國銀行注資參股，自此香港集友銀行正式成為中銀集團成員之一。

12 月，香港集友銀行自置九龍觀塘物華街 42–44 號地下物業開設觀塘支行。

1972 年

9 月，在香港灣仔軒尼詩道 319 號開設東區支行（現灣仔分行前身）。

10 月，香港集友銀行北角支行擴充自置行址，為東區客戶提供更方便的服務。

是年集友銀行廈門總行改為國有，上海分行停業。

1973 年

集友銀行董事長陳六使在新加坡病逝，董事會推選陳光別任董事長。

1979 年

3 月，集友銀行自置九龍荔枝角道 235–237 號地下開設深水埗支行。同月成立全資附屬集友財務有限公司，開展多元化業務。

6 月，集友銀行紅磡支行遷入九龍機利士路 23–25 號新置行址營業。

10 月，中銀集團實行儲蓄存款計算機化，為 13 家成員行提供聯機服務，有力促進集友銀行業務發展。

12 月，集友銀行自置九龍康強街 63 號地下開設新蒲崗支行。

1981 年

3 月，集友銀行代理寶生銀行的黃金現貨買賣業務。

6 月，集友銀行自置香港文咸西街 22–24 號地下開設上環支行。

8 月，集友銀行自置九龍上海街 161 號地下開設油麻地支行。

10 月，集友銀行自置香港皇后大道西 431 號開設西區支行。

12 月，集友銀行成立全資附屬機構——集友銀行（代理人）有限公司辦理各項信託業務。

1982 年

1 月，集友銀行青山道支行開幕，自置行址九龍青山道 247 號。

9 月，集友銀行東區支行遷入灣仔軒尼詩道 319 號新置行址營業。

是年，集友銀行設立外匯部為客戶提供外匯買賣業務，並參與資金市場活動，涉足商業銀行業務。

1983 年

集友銀行為存戶提供自動櫃員機服務。

1984 年

港澳 5 家兄弟行委託香港集友銀行為代表，聯同中國銀行總行信託諮詢公司參與組建厦門經濟特區聯合發展有限公司，開發建設湖里工業區。

4 月，集友銀行設立中國投資諮詢部。

4 月 2 日，集友銀行獲中國人民銀行批准在厦門設立代表辦事處。

5 月 4 日，集友銀行厦門代表辦事處開幕，為海內外客戶提供投資諮詢服務。

1985 年

4 月，集友銀行加入「易辦事」（EPS）系統，為中銀卡存戶提供一項跨越時空的服務——直接聯機轉賬付款服務。

11 月 8 日，集友銀行厦門代表辦事處獲中國人民銀行批准升格為分行。

是年，為配合業務不斷擴展，加強對計算機之運用，集友銀行基本完成各項主要業務之計算機聯機操作。

1986 年

1 月 8 日，集友銀行厦門分行開幕，成為當地最早開業的外資獨資銀行之一。

1987 年

集友銀行在香港創業 40 周年，第六屆國務委員兼國務院港澳辦公室主任姬鵬飛為《香港集友銀行創辦四十周年紀念特刊》題字。

1988 年

6 月 7 日，集友銀行獲中國人民銀行批准在福州設立代表辦事處。

7 月，集友銀行福州代表辦事處開幕。

1989 年

12 月 25 日，由集友銀行捐資設立的集友陳嘉庚教育基金會正式成立。

1992 年

11 月 18 日，集友銀行福州代表辦事處獲中國人民銀行批准升格為分行。

1993 年

1 月 8 日，集友銀行福州分行正式開業。

5 月，集友銀行大廈擴建完成。

1993 至 1994 年

連續兩年獲「湯臣百衛」亞洲區最佳表現銀行第二名。

自 1994 年起，連續五年捐資贊助福建省「科技成就獎」，合共捐資 60 萬港幣，以獎勵有重大貢獻的福建省科技人員。

1995 至 1996 年

《銀行家》雜誌公佈世界 1000 大銀行排名，集友銀行在 1995 年及 1996 年分別排名第 699 位及第 636 位。

1996 年，集友銀行成立「集美教育專項」，以支持福建省及集美學校的教育事業。

1997 年

香港回歸，同年亦為集友銀行在香港創業 50 周年，邀請客戶出席 50 周年金禧誌慶酒會，並在菲律賓舉行「九七香港經濟研討會」。

1998 年

捐款 50 萬元人民幣資助福建省希望工程。

自 1998 年起，連續六年資助福建省厦門大學、福州大學、集美大學及集美中學共計 100 名貧困學生，合共 300 萬元人民幣。

2000 年

向集美大學財經學院捐款 100 萬元人民幣，作為構建計算機實驗室的經費。

集友銀行成立財富管理服務團隊，豐富財富管理服務及產品；同時，大力發展中小企業，為客戶提供專業、全面跨境金融服務。在《銀行家》雜誌公佈的世界 1000 大銀行排名中，集友銀行躍升至第 465 位。

2001 年

10 月 1 日，中銀集團重組完成，集友銀行成為中國銀行（香港）有限公司的附屬公司。

2003 年

集友銀行在香港首創推出「易達」自助股票交易機，提供快捷的股票買賣服務。

2005 年

集友銀行向集美大學捐贈 30 萬元人民幣，以資助該校 100 名家境清貧的優秀學生。

2006 年

集友銀行向厦門大學附屬中醫院捐款 20 萬港元，協助 400 名閩西山區先天性心臟病患兒童的救治。

2007 年

集友銀行在香港創業 60 周年，設計印制「集美與集友」60 周年誌慶紀念郵票。

2008 年

集友銀行代表參加北京奧運火炬傳遞（福建省）。

是年，集友銀行香港本地分行已經擴展到了 24 家，實現了香港重點地區全覆蓋。

2009 年

3 月，集友銀行在厦門開設集美支行。

2011 年

集友銀行捐款 36 萬港元贊助集友陳嘉庚教育基金會。

2011 至 2012 年

集友銀行連續兩年度被《亞洲週刊》評為「亞洲銀行 300 間排名行榜中總資產回報率為 20 大銀行之一」，其中 2011 年為第 16 位、2012 年獲得第 8 位。

2012 年

12 月，集友銀行厦門觀音山支行開業。

2013 年

為紀念陳嘉庚創辦集美學校 100 周年，集友銀行向集友陳嘉庚教育基金會捐款 100 萬元人民幣。

2014 至 2015 年

集友銀行以「聚焦閩港兩地，實現特色經營」為業務發展策略，主攻福建相關業務，成為銀行業務的增長點。2015 年出訪東南亞國家，深化與當地商會僑領及宗親團體的往來關係。

2015 年

集友銀行逐步對總行大廈及部分分行施行翻新工程。

2016 年

為配合中銀集團長遠發展策略，中銀香港擬議全數出售集友銀行權益。

12 月 22 日，在福州舉行「集友股權買賣協議和過渡期服務協議簽約儀式」。

2017 年

3 月 27 日，集友銀行股權交割成功，成為厦門國際銀行的一員。

3 月 28 日，厦門國際銀行、集美校委會與中銀香港在港聯合舉行集友銀行股權成功交割儀式。

7 月 3 日，成功參與市場第一批交易，首批完成「債券通」投資業務。

11 月 29 日，在港成功發行首筆 2.5 億美元的額外一級資本票據（ATI）。

全國政協副主席董建華、梁振英，香港特區行政長官林鄭月娥等人欣然為集友銀行 70 周年題詞。其中董建華以「立足香港 裕港興邦」八個字肯定了集友銀行對國家、對香港的貢獻。

2018 年

集友銀行總資產規模破千億。

8 月 17 日，集友銀行兩家附屬公司「集友國際資本有限公司」和「集友資產管理有限公司」正式成立，資本資管，雙翼起航。

12 月，集友銀行深圳分行開業。

2019 年

10 月，以集友銀行旗下集友陳嘉庚教育基金牽頭，聯合新加坡陳嘉庚基金、馬來西亞陳嘉庚基金等全球各地嘉庚系非營利性組織，成功發起設立「陳嘉庚基金聯誼會」。

10 月，集友銀行主導承辦「重走嘉庚路・致敬新時代」主題系列活動香港站之「陳嘉庚基金聯誼會成立大會」「華僑旗幟・民族光輝——傳承嘉庚精神及華僑華人參加祖國建設成果展」等活動。

2020 年

7 月 11 日，集友中國內地系統成功上線，實現從 0 到 1 的歷史性突破，全面提升信息科技實力。

2021 年

4 月 19 日，集友私募股權投資基金管理（深圳）有限公司通過中基協私募股權基金管理人備案核准，成為近三年來中國首家獲得備案的銀行系QFLP公司。

11月8日，集友QFLP公司成功獲批合格境內投資企業（QDIE）資質，成為深圳市QDIE新政策推出以來首家獲批的港資銀行系股權公司。

12月8日，福州鼓樓支行正式開業。

2022年

集友銀行成功發行2億美元二級資本債和2億美元一級資本債。

9月，成立跨境業務與華僑金融部，負責華人華僑客戶的廣泛聯繫。

11月16日，深圳南山支行正式開業。

後 記

經歷一年多的緊張籌備，值此集美學校創辦110周年、集友銀行成立80周年之際，《陳嘉庚與集友銀行》一書終於和大家見面了。

一年多來，書籍編撰團隊全體成員在繁重的日常工作之餘，克服新冠疫情複雜嚴峻防控形勢的不利影響，查閱了大量的史料，訪問了多位支持和關心集友銀行發展的親歷者、集美校委會成員，堅持高水平投入、高標準工作，夜以繼日地付出，終換來了全書的成稿，將陳嘉庚先生與其倡辦的集友銀行的一個個生動的故事呈現在讀者面前。

文章千古事，得失寸心知。在調研和史料整理中，我們彷彿看到嘉庚先生在戰火紛飛的年代，四處奔走，為動員華僑支持祖國復興而殫精竭慮；我們彷彿看到集友銀行在輾轉經營中，依然堅守「誠毅」品格，對興學資教事業始終不離不棄；我們更能看到集友銀行在回歸福建以後，踐行華僑金融的發展規劃日益清晰，一步一個脚印地融入新發展格局！

本書的編寫由集友銀行董事長王曉健先生發起並確定主旨，得到華僑博物院、厦門國際銀行、集友銀行的傾力響應。編著本書是團隊合作的智慧結晶，編寫團隊成員均對華僑歷史、集友銀行發展歷史、商業銀行經營管理與戰略發展規劃等方面有着深厚的積累。全書的編著大綱由王曉健指導，劉曉斌、林翠茹擬寫，共分五個篇章，第一篇由華僑博物院蔡青梅、林翠茹執筆，第二篇由華僑博物院李麗執筆，第三篇由集友銀行辦公室陳思慧、趙若言執筆，第四篇由華僑博物院潘少紅、劉曉斌執筆，第五篇由厦門國際投資有限公司鄭國忠執筆，厦門國際銀行陳坤協助編寫。劉曉斌、林翠茹對全書進行全面調整、修改及補充，李麗協助統稿。編寫組的其他成員參與了篇章構思研討、腦力激蕩，歷史資料搜集、梳理分析，人物訪談籌備、記錄整理等工作。全書由華僑博物院劉曉斌院長、林翠茹博士和集友銀行行政總裁鄭威、厦門國際銀行金融研修院院長秦志華等人統稿審校，並由王曉健最終審定。

飲水思源，心懷感恩。感謝厦門國際銀行曹雲川先生、章德春先生的悉心指導，他們對書稿謀篇佈局的思考，積極對接各方資源，為書稿的撰寫奠定了基礎和方向；感謝嘉庚先生長孫陳立人先生對本書寫作的關心並欣然作序；感謝集美學校委員會為編寫組調研查檔提供的支持；感謝集美校委會原副主任陳忠信等專家領導在百忙之中對本書初稿提供專業指導意見和建議；感謝集友銀行和中銀香港歷任老領導、老同事千辛萬苦收集整理提供珍貴史料素材，這都對豐富本書內容、提升本書可讀性起到了巨大的作用；感謝以厦門國際銀行黨辦王穎、厦門國際銀行三明分行時任行長劉傑、集友銀行厦門分行陳為民等為代表的厦門國際銀行集團員工，他們不放過任何一個蛛絲馬跡，查證每一個史料細節，收集圖片、物件證據等，甚至從散軼的資料中努力厘清並還原集友銀行經營歷史場景，他們飽滿的工作熱情、極度的敬業精神和強大的執行力，值得我們學習；感謝中國華僑出版社郭嶺松總編輯、高文喆副總編輯和桑夢娟責任編輯及其他各位編輯老師對本書成稿和出版過程的指導、支持和幫助，他們懷着對嘉庚先生的崇敬之情，以嚴謹、認真、負責的工作態度，夜以繼日地工作，推動本書的順利出版。

我們希望通過本書，使廣大讀者能進一步了解以「華僑旗幟 民族光輝」陳嘉庚先生為代表的愛國華僑在金融方面作出的突出貢獻；希望通過本書了解陳嘉庚先生倡辦的高舉「華僑金融」旗幟的集友銀行的過去、現在和未來發展規劃；也希望通過本書，使廣大讀者從中汲取力量，積極傳播華僑代表人物的優秀品質和文化，帶動更多的人踐行嘉庚精神的時代價值，為實現中華民族偉大復興貢獻自己的力量。

由於涉及時間跨度較長，囿於資料，加之編者水平和時間所限，又受疫情影響，大量調研工作無法實地充分展開，本書還存在一些疏漏和不妥之處，我們真誠地歡迎各位讀者和專家不吝指教。

《陳嘉庚與集友銀行》編委會

2023 年 6 月